Heinz Georg Podehl

Grüße aus Ostpreußen

Husum

Umschlagbild: Heinz Georg Podehl, „Nach Galbuhnen“

CIP-Titelaufnahme der Deutschen Bibliothek

Podehl, Heinz Georg:
Grüsse aus Ostpreussen / Heinz Georg Podehl. – Husum :
Husum Druck- und Verlagsges., 1988
(Husum-Taschenbuch)
ISBN 3-88042-412-8

Satz: Fotosatz Husum GmbH
Druck und Verarbeitung: Husum Druck- und Verlagsgesellschaft
Postfach 1480, D-2250 Husum
ISBN 3-88042-412-8

Vorwort

In diesen Briefen kommt das Wort Ostpreußen bei allen vier Briefschreibern nicht vor. Demnach könnte der Titel auch „Briefe aus Polen“ heißen.

Nur für die seit uralten Zeiten angestammten Bewohner des Landes zwischen Memel und Weichsel ist Ostpreußen mehr als ein Wort. Aber auch für die Vertriebenen bedeutet es immer noch Heimat, der man in Liebe schmerzvoll gedenkt. Doch für die in Ostpreußen Zurückgebliebenen ist schon seit langem das Wort Deutschland oder Westen zum ersehnten Inbegriff des Wortes Heimat geworden.

Dort, im früheren Ostpreußen, ist meist die ersehnte Ausreise das Ziel: Die stete Auseinandersetzung mit den Widrigkeiten fremder Verhältnisse, der Kleinkrieg um die Erhaltung menschlicher Würde, und schließlich der Kampf ums tägliche Brot, verdecken den Begriff „Ostpreußen“. Oft findet sich noch anderes, wenn auch verschlüsselt angedeutet, zwischen den Zeilen.

In den folgenden Briefen spiegelt sich das einfache Leben einfacher Menschen, das uns das heutige manchmal von schönen Erinnerungen geprägte Land in einem anderen Licht erscheinen läßt. In Nebensächlichkeiten ist die Realität deutlicher als es großangelegte Heimat- und Bildberichte zeigen könnten.

Zum besseren Verständnis dieser 33 Briefe, geschrieben zwischen den Jahren 1955 bis 1984, seien einige Hinweise, die Landschaft, die Personen und ihre Daten betreffend, vorangesetzt. Die „Geschichte“ ergibt sich aus den Inhalten der Briefe. Sie sind überwiegend im Originaltext übernommen. Nur die Rechtschreibung und Satzstellungen sind dort verändert, wo es der besseren Lesbarkeit dienlich ist.

Südlich von Rastenburg, aber schon im alten Kreisgebiet Sensburgs, liegt Gronowo, das frühere Gronau. Ein kleines Dorf, zwischen Weißendorf und Wilkenburg, dessen einzige holprige Straße mit fast kugelrunden granitnen Natursteinen gepflastert ist. Der Ort hatte als kartographisches Merkmal eine aus Ziegeln erbaute Windmühle. Sie wurde 1945 abgerissen, und aus den rot leuchtenden Steinen erstellte man notwendige Scheunenwände. Otto Pruß, der Müller und Besitzer der Mühle, durfte mit seiner Frau im Dorf bleiben. Er mußte jedoch seinen Beruf in einer anderen fernab gelegenen Mühle weiter ausüben. Zu jener Zeit war er schon sechzig Jahre alt und fuhr mit einem Fahrrad den Weg dorthin und zurück.

Otto wurde als zweites von elf Kindern als Sohn des Riemermeisters Hermann Pruß in Galbuhnen geboren. Ottos Sohn Werner, der das Müllerhandwerk beim Vater erlernt hatte, lebte als Frührentner am Mittelrhein. Er ging nach Beendigung des Krieges nach Wanne-Eickel und heiratete dort eine Bergmannstochter. Ottos ältester Sohn Erich heiratete in Berlin. Er wurde 1945 von russischen Soldaten verschleppt und gilt seitdem als verschollen. Meta, das zweitälteste Kind des Otto Pruß, heiratete 1946 in Hannover Ludwig, den Sohn eines ehemaligen Sensburger Mühlenbesitzers. Ludwig starb 1966 und Meta 1969.

*

An der Straße nach Thurwainen, außerhalb des Dorfes Gronau, liegt linker Hand, versteckt unter alten hohen Bäumen, der winzige, verwilderte Friedhof auf einer kleinen Anhöhe. 1953, als Ottos Frau Eliese gestorben und dort begraben worden war, durfte er bei Frau Hilde Schulte wohnen; einer befreundeten Witwe der Eheleute Pruß. Sie besaß einen Hof, auf dem sie mit ihren beiden verheirateten Söhnen lebte. Die Enkelkinder und die polnischen Ehefrauen sprachen kein Wort Deutsch.

*

Barbara Danaitis wohnte in Ketrzyn, dem früheren Rastenburg. Sie lebte dort mit der Tochter Maria, dem Schwiegersohn Walter Leroi und dem Enkel Hans in einer kleinen Zweizimmerwohnung. Maria und ihr Mann arbeiteten bei der Stadtreinigung.

*

Emil und Klara Pruß in Essen sind der Bruder und die Schwägerin des Otto Pruß; Georg Pruß ist Emils Sohn.

*

Soweit die nötige Vorgeschichte zu den Briefen, die nicht mehr alle erhalten sind. Einige gingen verloren, andere und Kartengrüße sind nicht berücksichtigt worden.

Die Briefschreiber sind:

Otto Pruß, geboren 1885
Hilde Schulte, geboren 1908
Barbara Danaitis, geboren 1905
Maria Leroi, geboren 1934

Diese vier Namen in der Reihenfolge sind prußisch, deutsch, litauisch und französisch. Die drei letzten sind auch heute noch stellvertretend im früheren südlichen Teil Ostpreußens, dem jetzigen nördlichsten Landstrich Polens, ein Beweis verschiedener Einwanderer im damaligen Preußen.

Ihre Briefe machen die neuere Geschichte des verlorenen Landes auf eigene Weise deutlich. Mögen die Zeilen und Gedanken der Briefschreiber mit dazu beitragen, das Gedenken an die Heimat auch bei den Nachkommen wach zu halten.

Heinz Georg Podehl

Masurischer See

Wart auf mich

Wart auf mich, ich komme bald,
wart von früh bis spät.
Wart, wenn draußen wild und kalt
nachts der Sturmwind weht.

Wenn der Frühling wiederkehrt,
wenn der Schnee fällt still,
wenn zu Haus kein anderer
auf mich warten will.

Wenn von mir kein einzig Wort
sich zu dir verirrt,
wenn der Gläubigste im Ort
müd' des Wartens wird.

Wart auf mich, ich komm bestimmt.
Höre nicht auf den,
der dir deinen Glauben nimmt
an das Wiedersehn.

Wenn der Freundeskreis beim Wein
mich verloren glaubt
und kein anderer daheim
hoffend hebt sein Haupt.

Wart auf mich, den Wein laß stehn,
trauere nicht mit.
Glaub an unser Wiedersehn,
lausche meinem Schritt.

Wart auf mich, ich komm zurück,
morgen – irgendwann.
Wer nicht wartet, spricht bedrückt
von des Schicksals Bann.

Wer nicht wartet, Tag und Nacht,
stumm, geduldig, schlicht,
weiß nicht, daß des Wartens Macht
die des Todes bricht.

Ahnt nicht, daß ein Antlitz, schmal
und von Schmerzen matt,
mich vom Tode tausendmal
schon errettet hat.

Von einer unbekannten Ostpreußin in Sibirien verfaßt.

Ich bleibe hier

Lepner:
Wenn dem Mann das Weib gestorben ist, so singet er nur leise. Eben solche Klage-Lieder haben auch die alten Preussen bey ihren Leichen gesungen, wie bey dem Waisselio in seinem Geschichts-Buch am 25sten und folgenden Blatte, imgleichen bey dem M. Hartknoch in seiner 13. Dissertat. am 189sten Blatte zu lesen.

Liebe Klara und lieber Emil,
habe Euhren lieben Brief erhalten. Ich habe mich sehr gefreut, von meinem lieben Bruder Emil wieder ein Lebenszeichen zu erhalten. Wir haben uns über dreißig Jahre nicht gesehen, seit Emil damals mit seiner ersten Frau Auguste und den Kindern Georg und Ursel nach Westfahlen ging. Es ist fiehl geschehen seit der Zeit, sie ist ja nicht stehen geblieben. Alle leben in der Welt auseinander. 1953 starb meine liebe Frau und ich lebe nun bei Frau Schulte.

Es geht mir soweit gut. Nur von Werner höre ich nichts, Meta sorgt sich um mich. Aber ich kann nicht zu ihr gehen, sie hat in Hanover nur ein Zimmer. Euch geht es ja auch sehr schlecht. Ich danke euch, das ich zu euch kommen soll, aber ich bleib lieber hier. Der Friedhof ist nicht weit, wo Eliese begraben liegt.

Unsere Schwester Anna in Herne schreibt mir immer alles, was es so gibt in unserer Verwandtschaft.

Nun liebe Klara und lieber Bruder Emil werde ich schliessen
Es grüst euch alle,
Otto (Gronau, den 24. 11. 1955)

Stumm las Otto seinen Brief, nachdem er den Federhalter beiseite gelegt hatte, nur die Lippen bewegten sich. Dann stand er auf, räumte Papier und Tintenfaß in eine Schrankschublade und sagte zu seiner Wirtin gewandt:

„Hilde, den Brief müssen wir morgen dem Postboten mitgeben – denkst du daran?“

Die Frau sagte: „Heinz fährt morgen ins Dorf, er kann den Brief mitnehmen zur Post.“

Otto nickte nur mit dem Kopf als Antwort und dachte wieder an Eliese, seine Frau, die schon seit zwei Jahren tot war. Dann ging er auf den Hof zu den Hühnern und warf ihnen einige Körner vor. Ein kalter Abendwind war aufgekommen, doch die kleinen weißen Wolken unter dem hohen blauen Himmel standen fast still. Otto zog die Schultern hoch, blieb aber noch eine Weile stehen.

Er dachte an den Brief, den er geschrieben hatte: Berta, die älteste Schwester, war 1943 in Rastenburg gestorben und Anna lebte seit 1922 in Herne; seit diesem Jahr war auch Grete, die jüngste, in Berlin verheiratet. Und Marie wohnte bis Kriegsende in Pommern. Ihr Mann besaß da eine Ziegelei an der Persante und wurde 1945 von den Russen erschlagen, ebenso wie unsere Mutter, die seit Vaters Tod 1932 bei Marie lebte. Sie konnte mit ihren Kindern flüchten und ist in der Ostzone gestorben. Und die Brüder? Emil in Essen, war dort Maurer. Hermann, der Krankenpfleger, lebte in Kassel und Gustav war in Berlin verheiratet und der Adolf in Helmstedt.

Es ist schon ein Jammer mit unserer Familie, überlegte er, nicht nur die Lebenden sind verstreut, auch die Gräber der Toten liegen so weit auseinander.

Er blickte noch einmal zum Himmel, der sich am Horizont in der Ebene verlor, und ging dann ins Haus zurück.

„Na“, fragte Hilde, „hast die Hühner versorgt?“

Otto antwortete: „Ja, die sind nu im Stall beieinander.“

Er dachte immer an meinen Geburtstag

Grunau:

Weib und man seint heute guttir birtrincker. Jungk und alt in einem hause komen in den krugk und brengen 1 scheffel gerstenn und 1 scheffel haber, und so die vortrunkken sein, sie faren heim, und stets ein fröliches folck ist.

Liebe Kinder,

habe euhren Brief mit Freude erhalten und sage euch meinen besten Dank dafür. Bin noch gesund, das selbe ich von euch hoffen kann. Wie geht es Vater und Klara, die können sich wohl garnicht mehr helfen. Ich bin am 29. Dezember auch schon 78 Jahre alt geworden. Lieber Georg, mein Bruder, und zu gleich dein Vater, sieht ja fiehl älter und verarbeitet auf dem Bild aus alz ich. Dabei ist er doch zehn Jahre jünger alz ich.

Liebe Kinder, seid ihr schon alle verheiratet oder nicht? Schreibt mir über alles Bescheid. Werner ist auch in Westfahlen, er ist in einer Mühle alz Müller. Er ist verheiratet, mehr weiß ich nicht. Meine Tochter Meta ist in Hanover bei der Messeleitung beschäftigt. Ihr Mann stamt aus Sensburg, die haben da eine grosse Mühle gehabt. Meta ist auch schon fünfzig Jahre alt. Kinder haben sie keine. Dem Mann haben sie ein Bein abgenohmen, er war sehr lange im Krankenhaus.

Ich wollte anfragen, lebt Gustav Schepukat noch? Er hatte sich ihmer gemeldet, und dieses Jahr nicht. Er dachte ihmer an meinen Geburtstag. Er wird auch schon 81 Jahre alt sein. Tante Anna ist schon fünf Jahre tot. Schreibt bitte alles von unserer Verwandtschaft. Jetzt, liebe Kinder, werde ich schliessen, ich muß noch das Kleinvieh besorgen. Es grüst euch alle, Onkel Otto

Einen schönen Grus von Frau Schulte. (Gronau, den 8. 1. 1964)

Der alte Mann faltete den Briefbogen langsam und sorgfältig zusammen und sagte:

„Ich habe auch von dir gegrüßt."

Hilde, die Angesprochene, hantierte im Nebenraum am steinernen Herd unter dem offenen Rauchabzug. Sie hatte die leise gesprochene Mitteilung beim Klappern der Töpfe überhört. Doch die Nichtbeantwortung störte Otto nicht. Es gab nie Streit zwischen ihnen, jeder ließ den anderen in Ruhe seine Dinge tun. Otto machte den Tisch wieder frei, steckte auch das Foto seines Bruders, das er beim Briefschreiben vor sich liegen gehabt hatte, wieder an den Rahmen des großen Standspiegels zurück. Dann stieg er vorsichtig über die beiden Enkelkinder Hildes hinweg, die auf dem Fußboden saßen und spielten.

Die Frau rief ihm nach: „Gleich gibt's Abendbrot, geh nicht so weit weg!"

Otto ging nicht weit. Wo sollte er schon hingehen? Sein Bereich war der Hühnerhof und tagsüber die Betreuung der Enkelkinder.

Früher, bei seinen Eltern, da wurden noch Feste veranstaltet nach altem Brauch, dachte er. Auch zwischendurch, wenn's die Gelegenheit gebot, wurde tüchtig gefeiert. Dann wurde aufgetischt für die große Familie von manchmal 15 bis 20 Personen. Getanzt wurde und die Musik machte man selber mit Ziehharmonika, Geige, Flöte und Teufelsgeige – einem selbstgebastelten Instrument, das tüchtig scheppern mußte. Manchmal war eine Balalaika dabei. Und getrunken wurde: den Schnaps gab es bei Frau Bierfreundt im Dorfkrug. Das waren noch lustige Geburtstagsfeiern.

Heute ist es stiller geworden. Die Zeiten sind nicht mehr danach, zu feiern. Es ist so vieles anders geworden. Man freut sich schon, wenn der Geburtstag nicht vergessen wird.

Ich kann nicht mehr arbeiten

Lepner:
Wenn sie vor sich arbeiten, verrichten sie es mit Fleiß, als, wenn sie ihr eignes Korn schneiden, so wissen sie sich wohl zu bücken, geschwind und gleich mit der Sichel zu schneiden, damit sie keinen ungleichen und hohen Stoppel lassen, auch das Graß kurtz an der Erde abzuhauen.

Lieber Georg,
Deinen Brief habe ich mit grosser Freude erhalten. Mit meine Gesundheit ist es nicht gut bestellt. Ich kann nicht mehr arbeiten. Nun bin ich ja 84 Jahre alt und Tante Eliese ist schon sechzehn Jahre tot. Zum Friedhof kann ich auch nicht gehen. Deine Eltern starben auch schon vor zwei Jahre und Tante Anna 1959 und ihr besucht Gustav Schepukat immer in Herne? Mein Sohn Werner läßt nicht von sich hören und Meta starb in diesem Jahr. Gut, das ich noch Frau Schulte habe. Ich lege ein Bild von mir dabei. Schreib bald wieder. Jetzt will ich schliessen, liebe Kinder. Schönen Grus auch von Frau Schulte. Es grüst euch alle, Onkel Otto (Gronau, den 12. 6. 1969)

Der Briefschreiber dachte: Erfreuliche Nachrichten enthält mein Brief nicht; aber was soll ich machen, anderes ist nicht zu berichten. Er machte seinen müden Rücken mühsam gerade und legte die Schreibutensilien zusammen. Hilde würde später alles wegräumen. Er stand auf, hielt sich am Tisch und ging zur anderen Seite zum Lehnstuhl. Langsam ließ er sich in den mit rotem Plüsch bezogenen Stuhl gleiten. Aufatmend nahm er von der Fensterbank seine Pfeife, füllte sie mit Tabak und zündete sie an. Zufrieden sog er am Mundstück. Kleine blaue Rauchwolken hüllten die Fensterscheiben ein. Es war Vormittag und der Tag versprach heiß zu werden.

Er fühlte sich aufgehoben im Lehnstuhl mit dem Kissen hinterm Kopf, und seinem Rücken tat die wohlige Wärme der Rükkenlehne gut.

Heute ist aber schönes Wetter

Beckherrn:

1554 im Winter herrschte in den nördlichen Gegenden der Provinz eine so strenge Kälte, daß dort die Mühlen nicht mahlen konnten und die Bäcker aus Königsberg ihr Getreide bis nach Rastenburg brachten, um es hier mahlen zu lassen.

Mein lieber Herr Georg Pruß.
Ich habe mich ja sehr gefreut, als ich ihren lieben Brief erhalten habe. 17 lange Jahre habe ich den Onkel Ottchen gut betreut, weil er nirgens nicht Versorgung hatte, als seine Frau starb und wir doch alte Bekannte waren.

Ich hatte mit meinen beiden Kindern eine Wirtschaft, aber ohne was, weil ich im Januar 1945 auch alles verloren habe. Aber mit der Zeit habe ich mir ja wieder angeschafft und auch ihr Onkel Ottchen war für mich eine gute Stütze und ein Schlüssel im Hause. Ich konnte mir alles besorgen und er war immer im Hause. Schwere Arbeit auf dem Felde brauchte er ja nicht machen, blos im Hause half er mir sehr viel. Das Geflügel hat er mir alles besorgt, auch die Kinder versehen und alles aufgepasst. Denn ich hatte noch am 9ten September 1944 einen Sohn von meinem Mann gebohren. Und am 16. 10. 1944 ist mein Mann in Russland gefahlen.

Ich bin 63 Jahre. Den ältesten Sohn von zwölf Jahren nahmen mir die Russen zum Vieh treiben, er ist unterwegs gestorben. Aus unserem Dorf nahmen die Russen sechs Jungens, drei sind unterwegs gestorben und drei kamen zurük. Die sind nun im Westen. Hier habe ich noch zwei Söhne, einer ist 35 Jahre, der andere 27 Jahre alt. Der jüngere hat jung geheiratet, hat zwei Kinder, ein Mädel von sechs Jahren und einen Jungen von vier. Der ältere Sohn ist erst ein Jahr verheiratet und hat ein Mädelchen von drei Wochen.

Jetzt werde ich noch von Onkel Ottochen schreiben, das wird Sie ja mehr intressiren. Er wollte ja später immer zu seinen Kindern nach Deutschland fahren, aber sie konnten ihm nicht aufnehmen, denn Meta hatte anfangs nur ein Zimmer. Sie war sehr gut für ihren Vater, sie hat auch fleissig geschrieben. Auch was er haben wollte, hat sie ihm geschikt, auch für mich hat sie schöne Sachen geschikt. Denn Vater hat ihr imer auch geschrieben, daß ich das Grab von Mutter pflege, und jetzt pflege ich alle beide Gräber.

Als Metas Mann starb, da war sie ja ganz kopflos. Und wieviel Jahre sie sich so mit ihm geqält hat, er hat doch vorher ein Bein verloren. Meta taht dem Vater imer so leidt, daß sie nur arbeiten muste und noch den kranken Mann hatte. Und dann starb sie selbst so plötzlich, am 21. März ist sie gestorben und am 18. Juni hat Werner erst dem Vater geschrieben und bat gleich, daß Vater ihm eine Vollmacht unterschreiben soll, daß nur er der einzige Erbe ist von Metas Vermögen. Aber Vater taht es nicht, er hat blos immer geweint und nahm sich so in Kopf.

Ich hatte viel mit ihm zu tuhn seidt der Meta ihrem Tod. Zweimal hat er einen Schlaganfall bekommen, aber das verging ihm ja. Er war 85 Jahre alt und gut im Zeuch. Er rauchte viel, trank gerne seinen Schnaps. Dafür hab ich schon immer gesorgt. Meine Schwester in Trier schikte mir immer auch Zigaren für ihn.

Jetzt werde ich noch von seinem Sohn Werner schreiben. Als der sich zum erstenmal zum Vater gemeldet hat, da fragte er an, was dem Vater so alles fehlt. Die Russen haben dem Vater die Taschenuhr, auch den Weker weg genommen. Da schrieb Vater, er soll ihm ein Weker schiken, ein paar warme Unterhosen und Taschentücher. Doch er hat sich nicht gemeldet. Dafür war Vater sehr traurig, er hat Tag für Tag auf Post von ihm gewartet. Da muste ich ihm Barchent besorgen und Unterhosen nähen, karierte, weil es anfangs nichts gab. Jetzt giebt es ja. Meta hat ihm nachdem alles geschikt, was er brauchte. Werner hat über seine Frau und Tochter dem Vater nie was berichtet, trotzdem Vater ihm mal angefragt hat. Vater hat immer seinen Sohn Erich bedauert. Wenn der gelebt hätte, wär ich nicht hier, hat er mir gesagt.

Ja, es sind bald zwei Jahre am 1. 1. 1972 wo Otto die Augen schloß. Ich habe ihm gut beärdigt, auch gut angezogen und bis zum letzten sahs ich an seinem Bett. Am Nachmittag sah er durchs Fenster den klaren Himmel, und sagte zu mir, heut ist aber schönes Wetter, und abends um 8 Uhr schloß er die Augen für imer. Am 29. 12. hatte er Geburtstag und drei Tage später war er tot.

Sein Bruder Hermann ist ja auch in der selben Zeit gestorben. Seine Schwester Grete in Berlin und sein Bruder in Kassel melden sich garnigt.

Lieber Herr Pruß, ich habe eingereicht zum rausfahren, aber hab abgelehnt bekommen. In Gronau sind sehr wenig Deutsche, blos Polen. Dann hab ich wieder eingereicht. Am 13. 12. werden es zwei Monate. Meine Eltern leben nicht mehr. Aber im Westen möchte ich doch Kriegsrente bekommen. Hier kommt man nicht auf einen grünen Ast, weil das polnische Geld keinen Wert hat.

So jetzt werde ich schliessen, denn ich habe alles geschrieben in der Hoffnung, das Sie mir wieder schreiben. Vieleicht legen Sie mir im nächsten Brief bitte Aufnahmen von Ihnen bei. Ich wünsche Ihnen und Ihrer Familie ein frohes und gesundetes Weihnachtsfest und ein guten Rutsch ins neue Jahr 1972. Nun noch einen schönen Gruß von Frau Schulte und Kinder. Bitte schreiben Sie mir bald wieder. (Gronau, den 7. 12. 1971)

Die arbeitsmüde Hand Hildes hatte den Brief, der kein Ende nehmen wollte, endlich fertig geschrieben. Sie hätte vielleicht noch mehr zu berichten gehabt, aber es war schon spät geworden. Die etwas zu breit geratene Frau schaute auf den leeren Lehnstuhl – sie stand auf und trat vor die Haustür, um nach dem Wetter zu sehen: Dünner Schnee lag auf den Feldern und glitzerte im Mondlicht. Es war still, nur die Kühe muhten im Stall. Die beiden Söhne mit ihren polnischen Frauen und die drei Enkelkinder schliefen schon.

Hilde verriegelte die Tür, löschte die Lampe und traf ihre Vorbereitungen für die Nacht. Es war im Zimmer noch hell genug vom Schneelicht des Mondes. Dann legte sie sich in das für eine Person viel zu breite Bett und schlief trotz der klammen Kälte im Zimmer gleich ein.

Und draußen über den Landstraßen wuchsen die Kronen der Chausseebäume unmerklich weiter zusammen dem Frühling entgegen. Verflochten sich von Jahr zu Jahr mehr und mehr zu Dekkengewölben grünender Kirchenschiffe. Und der leise Nachtwind, der von Osten kam, strich streichelnd über sternenübersäte masurische Seen, deren Wellenspiel erstarrt war im winterlichen Hauch.

Hin und wieder ließen sich auch die Tiere des nahen Waldes vernehmen: ein vages Rascheln im verdorrten Laub unter dem Silberstaub des Schnees, der kobaltblau schimmerte. Oder im Geäst mächtiger Bäume, schwarzarmig in den Himmel drohend, rührte sich eine Krähe.

Auch die nächtliche Welt schien einen kleinen Todesschlaf zu halten; doch die Erde atmete weiter: hob und senkte sich, unsichtbar dem menschlichen Auge, in den Abläufen der Geschichte dieses Landes.

Die Frau in ihrem Bett unter dem hölzernen Schindeldach seufzte und drehte sich im Schlaf auf die andere Seite.

Neuendorf

Die kleine Kapelle ohne Glocken

Beckherrn:

Das Gebäude der polnischen Kirche, welches vor dem nicht so lang war, wie jetzt, wurde im Jahre 1566 erweitert und zwar bis an die Stadtmauer. Die Wohnung des Schulmeisters, welche sich in der Schule über der polnischen Kirche befand, war 1571 ausgestattet (. . .)

Mein lieber Herr und Frau Pruß
Ich habe Ihre liebe Karte und den Brief mit Gedicht und Bild erhalten. Aber Sie haben große Ähnlichkeit mit Onkel Otto. Das Gedicht hat mich ja sehr intrezirt, ja das ist eine Erinnerung an alte Zeiten.

Ich wollte schreiben, aber ich lag drei Wochen an Grippe krank. Ihren lieben Brief habe ich etliche mal durchgelesen, habe über ihre gezeichnete Landkarte gestaunt. Stimmt alles ganz genau. Die Kleinbahn geht nicht mehr von Thuerwainen nach Rastenburg. Die Schienen haben unsre Soldaten auf gehoben, die wo in russische Gefangenschaft waren. Es gehn jetzt Busse von Gronau nach Sensburg und Rastenburg, vier mal am Tag. Es ist ja beqem.

Aber unter diesem Volk bleiben, will ich nicht. Ich habe wieder eingereicht zur Ausfahrt. Aber wer weiß, wie lange es dauern wird. Die Dörfer, die Sie mir aufgeschrieben haben, sind alle in Polnisch umgeschrieben. Die Georgskirche haben die Polen, wir haben daneben die kleine Kappele ohne Gloken. Aber für uns paar Deutsche genügt das. Die Gräber in Rastenburg auf dem Friedhof sind kaum zu finden. Wir hatten mal mit Ottchen blos ein Grab gefunden, denn das war an einer grossen Linde mit Tafel und Rahmen. Sonst fand er nichts, war alles bewachsen mit Unkraut oder von den Polen mit frischen Gräbern belegt. Die gehen sogar mit ihre Toten in unsre Familien-Gräber rein, wo noch ein schöner Eisenzaun ist.

Ich habe meine beiden Söhne noch hier, die sind verheiratet mit Polen-Frauen. Den ältesten Sohn nahmen mir die Russen zum Vieh treiben, er wurde krank an Tifus und starb in Pr. Eylau.

Lieber Herr Pruß, sobald ich ab gelehnt bekomme, lade ich Sie herzlich ein. Aber wer weiß, wie lange es dauern wird. Oder habe ich das Glük, raus zufahren? Ich möchte Ihnen wünschen, wieder mal Rastenburg zu sehen. In denn Stätten wird ja viel gebaut, aber in Thurwainen, Grünhof, nichts. Ich möchte Ihnen mal alles zeigen. Sie möchten sich an den Kopf fassen, wie alles herunter gekommen aussieht.

Sobald ich ab gelehnt bekomme, schreibe ich Ihnen. Und im Antrag gebe ich Sie und ihre Frau als Coseng und Cosine an. Was brauchen die Polen das zu wissen. Sparen Sie mal viel Geld, denn Sie müssen den Tag für eine Person 30 M bezahlen.

So jetzt werde ich schließen. Schreiben Sie mir bald wieder, denn ich freue mich über Ihre Post.

Einen schönen Gruß an ihnen und ihre liebe Frau von Frau Schulte und Kinder. (Gronau, den 2. 3. 1972)

Hilde war keine fleißige Kirchgängerin. Das lag zum einen an dem weiten Weg zur Kirche in Rastenburg und zum anderen an den katholischen Schwiegertöchtern, die, mit Duldung der Söhne, ihre Heiligenbilder und das ewige Licht in den Räumen des Holzhauses verteilt hatten. Sicher, sie waren fromme Mädchen; sprachen aber kein Deutsch und auch nicht die Enkelkinder. So stand Hilde ziemlich alleine da mit ihrem evangelischen Glauben an Gott, an dem sie manchmal zweifelte. Denn zuviel Böses hatte sie erleben müssen – und auch jetzt wurden ihre Anträge auf Ausreise immer wieder abgelehnt.

Sie stand vom Tisch auf, öffnete das Stubenfenster und ließ frische Luft ins Zimmer. Ihre Gedanken ließen sie aber nicht los. Doch der Brief hatte auch so etwas wie innere Ruhe gebracht.

Die lassen mich nicht nach dem Westen

Meyers Reisebücher:
Von Rastenburg nach Rhein mit der Kleinbahn in 1½ St. Kraftpost nach (10 km) Bf. Stürlack in ¾ St., nach (20 km) Sensburg in 1 St.

Meine liebe Familie Pruß,
da ich schon so lange ihren lieben Brief habe, sage ich vielen Dank dafür. Wollte schon immer schreiben, aber immer fehlt es an Zeit.

Dies Jahr war ein schlechtes Jahr. Ich wohne seit 1932 in Gronau, aber ich kan mich nicht besinnen, daß so ein schlechtes Jahr war. Es blieb viel Getreide draußen. Bei uns auch sechs Morgen Hafer. Erst hat ihn der Regen und Hagel zerschlagen, und alls wir dann ein Teil abgemäht hatten, hat es vierzehn Tage in eins geregnet, daß alles ausgewachsen ist und so blieb alles draußen. Das Futter ist auch verregnet, und man braucht doch für die Kühe im Winter. Auch die Kartoffeln und Rüben muß man stehlen vom Feld. Wenn es noch lange regnen würd, kommt man auf den Aker nicht mehr rauf.

Am 14. November fahre ich zu meinem Schwager in die Ostzone auf Besuch, nach der Richtung Leipzig. Will mal sehen, wie es dort aussieht. Ich habe in Trier die Schwester, aber die werden mich wohl von dort nach dem Westen nicht lassen. Ich schrieb ja, meine Schwester soll zum Schwager kommen. Wer weiß, ob sie kommen kann.

Lieber Herr Pruß, wie ist es mit ihrer Gesundheit. Mir geht es ja so eingermassen. Ich hatte wieder eingereicht zum Rausfahren. Nach drei ½ Monate bekam ich wieder abgelehnt. Ich hab blos kein Verstandt, warum sie uns nicht gehen lassen. Es sind doch so Wenige hier, alle sind doch fast fort. Und ich hätte es doch dort besser, bekäm meine Rente für den Mann.

Meine Schwester hat mir 100 M nach Warschau eingezahlt. Die bekam ich in Dollar, und in Sensburg ist ein Geschäft mit deutsche Sachen. Da hab ich eine schöne Strikjake, ein Pulower gekauft, und noch behielt ich Dollare übrig. Das pollnische Geld hat ja den schlechtesten Wert.

Ehe ich in die Ostzone fahre, will ich die Gräber schön eindeken. Denn am 26. 11. ist wohl Toten Sonntag. Ja, die Zeit verläuft. Am 1. 1. werden drei Jahe sein, wo Otto Pruß tot ist. Ja, seine gantze Familie wurde so zerrissen durch den Krieg.

So jetzt werde ich schliessen, denn der Brief muß fort. Heute am 21. Oktober ist der erste Schnee gefahlen, acht cm dik, und es sind noch Rüben draußen.

Lieber Herr Pruß, schiken Sie mir bitte ein kleines Weihnachtspäkchen, ich wäre ihnen sehr dankbar dafür. Das wäre für heute alles.

Nun sind Sie und ihre Frau herzlich gegrüst von uns allen, Ihre Frau Schulte und Kinder. (Gronau, den 21. 10. 1972)

Sie klebte den Brief zu und dachte an die Rüben, die nun unter dem Schnee steckten. Hoffentlich bekommen wir die noch gut in die Scheune. Damals, als die Russen kamen, hatte sie sich mit den beiden Kindern auch in der Scheune unterm Stroh versteckt; aber es hatte nichts genützt: die Sowjetsoldaten durchstöberten alles und nahmen, was sich wegtragen ließ.

Wie hatte sie gebittet, nicht ihr Haus anzuzünden –. Das war dann ja auch gut gegangen mit persönlicher Gegenleistung. Es war eine schreckliche Zeit.

Sie dachte auch an die vielen Flüchtlinge, die an ihrem Haus vorbeihasteten. Eine Pastorenfrau ließ ihren Säugling im Straßengraben zurück, um in heilloser Flucht ihr Leben zu retten und nicht vergewaltigt zu werden.

Hilde vertrieb die Schreckensbilder und malte sich nun schon aus, was an Schönem in dem Weihnachtspaket wohl enthalten sein würde.

Man muß zufrieden sein

Frost:

Wir haben bei Beginn der Ordensherrschaft – abgesehen von der geringen Zahl der Slaven – vor allem zwei Kategorien von Untertanen zu unterscheiden: die eingeborenen Preußen und die zugewanderten deutschen Kolonisten. Nur freie Leute werden als Kolonisten zugelassen und auch die Preußen behalten nach jenem Vertrag vom Jahre 1249, der den ersten Aufstand beendete, Freiheit und Eigen. Erst mit ihrem zweiten Abfall gehen sie dessen verlustig. Aber auch dieses Mal nur diejenigen, die am Aufstand teilgenommen. Sie werden leibeigen.

Lieber Herr Pruß, heute hab ich Ihr schönes Paketchen erhalten. Es war alles drin. Ich habe mich ja sehr gefreut, denn es giebt bei uns nicht solche schöne Sachen. Bei uns ist nur schlechtes Zeug, aber man muß auch damit zufrieden sein.

Wenn Sie mir noch mal schiken werden, dann legen Sie bitte Rasierklingen rein für den Sohn, denn unsre sind sehr schlecht, mit eine Klinge kann man sich 3–4 mal rasieren.

Jetzt will ich von meinem Besuch bei Leipzig schreiben. Ich bin da acht Wochen gewesen, vom 18. 11. 1972 an. Es hat mir sehr gut gefahlen, aber meine beste Freude war, das mein Schwager eingereicht hat für meine Schwester. Un die kam am 23. 12. um 20 Uhr in Leipzig an. Von da haben wir sie mit dem Auto geholt. Es war ein sehr freudiges Wiedersehen nach Jahren. Sie blieb elf Tage, weil ihre Tochter zur Arbeit mußte. Die ist eine junge Witwe mit zwei kleinen Kindern. Am 14. März werden es drei Jahre, wo ihr Mann plötzlich starb.

Meine Schwester hat mir auch einiges mit gebracht. Sie zwang kaum den Koffer und die Tasche. Es tut mir so leid, daß meine Schwester putzen gehen muß in die Häuser. Wenn ich rausfahren könnte, dann möchte ich ja Kriegsrente bekommen, dann könnten wir beide davon leben. Aber wer weiß, wann das mit mir sein wird. So bin ich ja mit den Kindern gesundt, arbeiten muß man ja überall.

Lieber Herr Pruß, im Falle, Sie kommen nach Warschau, da schreiben Sie mir Bescheidt. Auch können Sie mit ihrer Frau kommen. Es ist ja hier nicht wie in der Stadt, aber ich nehme sie gerne auf. Sie werden alles nicht wieder erkennen, es sieht ganz anders aus. Ich habe Leipzig auch nicht erkannt, die hohen Häuser. Da ist viel gebaut, weil jedes Jahr die Messe stattfindet.

So, jetzt werde ich schliessen. Nochmals vielen Dank für das Paketchen. Einen schönen Gruß an ihre Frau und Ihnen von Frau Schulte und Kinder.

Für das Päkchen habe ich 35 Sloty̆ Zoll bezahlt. Es war ja nicht teuer. Wir haben seit dem neuen Jahr eine Nummer 11 708.

Nochmals herzliche Grüsse von Frau Hilde Schulte. Vielen Dank für alles. (Gronau, den 31. 1. 1973)

Hilde beendete diesen Brief; sie hatte noch zwei andere zu schreiben, die auch in den Westen sollten. Es gab viele Deutsche, die nach dem früheren Ostpreußen kamen und die sie kennengelernt hatte. Alle brachten etwas mit oder schickten Pakete, für die gedankt werden mußte. Alles hat seinen Preis, dachte sie.

Später, als die Briefe fertig waren und sie sich wieder besinnen konnte auf das Nächstliegende, stand sie vor dem großen Kleiderschrank, der schon voller verschiedener Kleidungsstücke war. Die beiden Türen ließen sich fast nicht schließen. Behutsam strich ihre Hand über das dunkelbraune Holz. Morgen würde der Älteste mit einigen Sachen wieder nach Sensburg fahren und verkaufen oder eintauschen. Jeder muß sehen, wie er durchkommt, dachte sie, man muß zufrieden sein.

Für den ältesten ein Hemd, Halsweite 42

Beckherrn:

Act. R. d. 29. Mart. 1712. Hans Müller, ein Jung, rem habuit cum Katharina Rozkordyn, uterque bei Meister Küßner, zweimahl. Der Jung dixit, se esse seductum ab ipsa. Pocna: Das Halßeysen!

Lieber Herr und Frau Pruß.
Heute habe ich ihren lieben Brief dankent erhalten, auf den ich schon so lange gewartet habe. Ich war der Meinung, mein Brief hat Sie nicht erreicht, aber doch. Ich freue mich schon auf unser Wiedersehn, trotzdem wir uns nicht kennen.

Lötzen ist ja sehr schön, weil da viele Toristen kommen. Jetzt ist überall so voll von Toristen, auch in Nikoleiken, Sensburg und Rastenburg. Das Wetter ist im ganzen sehr gut. Die sind alle so braun gebrannt wie die Neger. Aber Sie kommen schon bißchen spät, doch manchmal ist auch schöner Herbst.

Lieber Herr Pruß, wenn Sie uns jedem eine Kleinigkeit bringen, so werden wir uns alle sehr freuen. Mein jüngster Sohn möchte gerne einen elektrischen Rassiraperat. Für den Ältesten ein Hemd, Halzweite 42, aber nicht in Weiß. Für die beiden Schwiegertöchter jedem eine Nilon Schürze, aber nicht in Weiß. Die eine hat Rükenweite, unterm Arm gemessen, 50 cm breit und die Länge 87 cm. Die andre 48 breit und 91 lang. Der Enkel ist sechs Jahre alt. Bringen Sie ihm, was sie denken. Die Enkelin ist acht Jahre alt. Die kleine Enkelin zwei Jahre. Und für mich eine einfache Kleiderschürze. Die Breite unterm Arm 58 cm, die Länge 97. Bloß wenn Ihnen alles nicht zu teuer ist. Im Fall, der Rassiraperat zu teuer ist, dann hat er Halzweite 40 cm. Aber machen sie sich nicht viel Unkosten, denn die Reise kostet Ihnen schon so viel.

Nun werde ich schließen, denn der Brief soll heute noch fort. Sind Sie herzlich gegrüßt von Frau Schulte.

Ich habe schon wieder Papiere am 5. 6. abgegeben zur Ausfahrt. (Gronau, den 10. 7. 1973)

Bevor Hilde nach dem Abendessen den Brief begonnen hatte, war ihre Familie noch im Zimmer versammelt geblieben. Sie hatte mit einem Zentimetermaß alles genau ausgemessen: die Halsweiten und das andere. Die jungen Frauen in der Küche waren nun beim Spülen.

Hilde hatte im Laufe der Jahre noch nichts von ihrer Autorität als Familienoberhaupt eingebüßt; dafür war sie zu resolut. Es hatte zwar kleine Kämpfe mit den Frauen gegeben; aber schließlich mußten die einsehen, daß die Schwiegermutter die besten Verbindungen zu der Welt da draußen besaß, in der es die schönsten Dinge gab.

Zufrieden hatte sie ihre Briefe geschrieben und wandte sich dann den Enkelkindern zu, denen sie mit viel Mühe und Geduld etwas Deutsch beibrachte. Das tat sie schon seit geraumer Zeit. Sie dachte: wer weiß, wofür das gut ist. Lernen schadet nicht.

Als die Kinder in ihren Bettchen lagen, hielt Hilde mit ihren Söhnen wieder einmal Familienrat. Das tat sie von Zeit zu Zeit, wenn es wichtige Ereignisse oder Vorhaben zu besprechen gab. Heute stand nur das alte Thema ihrer Ausreise auf dem Programm.

Sie sagte: „Eigentlich ist ja alles schon besprochen. Aber wenn ich plötzlich doch die Ausreise in den Westen genehmigt bekomme, wird es wahrscheinlich schnell gehen mit dem Weggehen."

Die Söhne kannten ihrer Mutter Idee zur Genüge, der sie skeptisch gegenüberstanden; denn sie wollte alles aufgeben und in ihrem Alter nochmal neu anfangen. Und sie möchte dann auch die Söhne mit Familien nachkommen lassen. Doch die wollten nicht so recht von hier fort: alles aufgeben – den Besitz, das Land, um einer ungewissen Zukunft willen?

Aber Hilde meinte: „Eine ungewisse Zukunft in Deutschland ist besser als diese Schinderei für nichts und wieder nichts!"

In Rastenburg

Ich warte auf Post

Grenz:

C. Beckherrn berichtet 1880 (. . .) Unter dem Großen Kurfürst (. . .): Die erste Einrichtung bestand in der Dragonerpost (. . .). Auf jeder Station waren zuerst zwei, später vier Dragoner postiert, welche die Posttasche zu den Nebenstationen beförderten. Sie sollten nie einzeln, sondern nur zu zweien reiten, und zwar mit geladenem Gewehr.

Meine liebe Familie Pruß.
Ich will mal schnell ein paar Zeilen schreiben und anfragen, ob Sie gut nach Hause gekommen sind. Denn Sie haben sich noch garnicht gemeldet, seit Sie von uns fort machten.

Bin am 1. 12. wieder in die Ostzone gefahren und bleibe bis zum 22. 1. 74 hier. Im Fall, Sie schreiben, so nach hier. Ich möchte doch gerne wissen, ob bei ihnen alles in Ordnung ist. So, jetzt werde ich schliessen und warte von ihnen auf Post.

Meine Lieben,
herzliche Weihnachtsgrüsse und alles gute zum neuen Jahreswechsel wünscht euch von ganzem Herzen
Eure Frau Hilde Schulte. (z. Zt. Krosen, den 16. 12. 1973)

Der Brief war geschrieben und Hilde dachte an ihre Besucher, als die bei ihr im Hause waren. Der Herr Pruß hatte sich ja für alles interessiert, er war sehr wißbegierig. Nur am Abend, als sie die Rühreier gebraten und in der grauen Emailleschüssel servierte, hatte Ottos Neffe die Schüssel mißtrauisch angeschaut.

Sie blieben nur eine Nacht und wollten nach Lötzen ins Hotel zurück. Das angebotene Bett war ziemlich durchgelegen, und es war eine schlaflose Nacht für die Gäste gewesen.

Und am nächsten Tag mußten sie sich in der grauen Schüssel waschen. Sie hatte nicht gedacht, daß das Unwillen erregen könnte; sie hatte für die große Familie und den Besuch die Eier in keiner anderen Schüssel unterbringen können. Na, dachte sie, wird kein Beinbruch gewesen sein – die werden es gleich nach dem Krieg auch nicht besser gehabt haben und so viele Eier schon gar nicht. In Polen ist immer noch Nachkriegszeit. Nichts ist vollkommen: bei uns nicht und sogar bei der Post gehen die Uhren anders.

Und auch in der Ostzone wartet noch Vieles auf Verbesserung, wenn man den Lebensstil des Westens als Maßstab nehmen will.

Endgültige Zufriedenheit wird es auf Erden wohl niemals geben können. Dafür sind die Ansichten der Menschen hierüber zu verschieden.

Hilde saß noch eine Weile nachsinnend über ihren Brief gebeugt, ehe sie sich aufraffte und ihn zuklebte.

Sie stand am Fenster und schaute auf die Dorfstraße von Krosen hinunter. Es war schon spät und kein Mensch auf der verschneiten Straße zu sehen. Wagenräder hatten im Schnee tiefe Spuren hinterlassen.

Dann tauchte aus dem Weiß ein Hund auf, der mit eingezogenem Schwanz langsam, wie ein todmüder Wanderer, am Haus vorübertrottete.

Wo will der jetzt noch hin, dachte Hilde fragend. Bald ist Weihnachten. Wenn mir der arme Hund in Gronau begegnen würde, könnte ich ihm die Hütte von unserem Harras geben – der starb im letzten Jahr an Altersschwäche und hat uns immer treu gedient und bewacht. Im Winter, wenn es sehr kalt war, durfte er im Stall schlafen. Bei den Kühen ist es ja warm.

Hilde las noch etwas in der Bibel, die ihr ständiger Begleiter auf Reisen war, und legte sich dann in das von einer mit heißem Wasser gefüllten Kruke angewärmte Bett zur Nachtruhe nieder.

Flauer Winter, nasser Sommer

Meyers Reisebücher, Ostpreußen:
Schlechtes Wetter: Mangelnde Nachtkühle, ungewöhnliche klare Fernsicht. Morgenrot. Geringe Taubildung bei westlichen Winden; ‚Schäfchen'-Wolken. Abnehmender Mond. Gieriges Fressen des Weideviehs abends vor dem Heimtrieb; aufgeregtes Brüllen der Kühe und unruhiges Zerren (auch der Pferde) an den Stallketten. Tauben fliegen früh zum Schlag, Bienen zum Stock zurück oder halten sich dauernd bei ihm auf. Molche, Kröten usw. kommen aus ihren Schlupfwinkeln hervor. Katzen putzen sich fleißig, Fische schlagen häufig aus dem Wasser. Fliege und Stechmücke sind zudringlicher als sonst.

Meine liebe Familie Pruß.
Da ich ein wenig Zeit habe, will ich paar Zeilen an sie richten. Wir sind noch alle gesund. Es sind jetzt welche von uns Deutsche rausgefahren nach dem Westen. Hoffendlich bin ich nächstes Mal dran. Jetzt fährt aus Wilkenburg eine Frau, ist eine Deutsche und der Mann Pole, haben sieben Kinder. In Krumenort, hinter Sensburg, sind beide Deutsche mit drei Kinder, und bekamen schon das achte Mal abgelehnt. Wer weiß, an wehn das liegt.

Bei uns hat es jeden Tag man geregnet was vom Himmel kommen kann. Man denkt, die Welt geht unter. Wir haben noch kein Heu drin, alles ist draussen und fault.

Ich bin im Winter acht Wochen im Osten gewesen, ganzen Dezember und Januar über. Im Mai war ich wieder, aber nur 14 Tage. Mein Schwager wurde 80 Jahre, da hat er mich so gebeten. Im Sommer ist ja schöner wie im Winter. – Bei meinem ältsten Sohn ist im Dezember 73 ein Söhnchen eingekehrt.

Es sind schon viel Toristen aus West und Ost hier, aber das schlechte Wetter ist nicht schön dazu. Wir hatten dies Jahr einen flauen Winter, dafür einen nassen Sommer. Man kann bald nicht auf den Aker raus.

Ich hatte jetzt einen Tag zwei Autos zu Besuch, mit sieben Mann Bekannte. Die wohnten mal früher in Gronau. Jeder, der mich kennt, kommt mich besuchen, und wenn auf paar Stunden. Die waren drei Stunden hier, dann fuhren sie zur Nichte nach Sorkwaiten.

Lieber Herr und Frau Pruß, wie geht es Ihnen? Uns geht es ja so einigermaßen, blos das Wetter hindert sehr viel bei der Arbeit. Es ist zu naß. Stellenweise stehen Rüben, Kartoffeln und die Wiesen im Wasser. Jetzt ist ja schon zwei Tage schön Wetter. Die armen Toristen sind dieß Jahr zu bedauern. Und sind so viel, überhaupt aus dem Westen.

So, jetzt werde ich schließen in der Hoffnung, daß Sie sich melden. Einen recht schönen Gruß von uns allen, ganz besonders von Frau Schulte. (Gronowo, den 23. 7. 1974)

Hilde saß noch lange im Zimmer am Tisch. Inzwischen war es draußen dunkel geworden. Die Katze saß im Lehnstuhl und putzte sich ausdauernd. Hilde dachte: Wird wohl schlechtes Wetter bleiben, auch mein Rücken schmerzt wieder. Diese Wetterfühligkeit verbindet uns – ein nicht zu erklärendes Überbleibsel aus den Urzeiten der Schöpfungsgeschichte. Sie erinnerte sich an Ottos Neffen, der sehr unter Wetterfühligkeit zu leiden hatte.

Vor zwei Jahren war er zusammen mit ihrem jüngsten Sohn mit dem Pferdefuhrwerk in den Rastenburger Stadtwald gefahren. Willi zeigte dem Besucher den größten Eichbaum mit dem dicksten Stamm. Ob das wohl eine heilige Eiche der Prußen gewesen sei, fragte der. Aber niemand wußte das. Immerhin muß der Baum einige hundert Jahre alt sein. Ein Stückchen Borke wurde vom Stamm mit einem Spaten abgesplittert: zur Erinnerung an den Baum, meinte der Besucher. Und drei kleine Fichten hatte er im Wald ausgegraben, um sie mitzunehmen in den Westen. Eine Fichte habe der Herr Pruß auf seines Vaters Grab gepflanzt, schrieb er. Ob der Baum wohl angegangen ist?

Dann zündete Hilde einen Kerzenstumpf an – sie sparte auch mit dem elektrischen Licht – und kramte in dem Schränkchen nach Ottos Sachen: Da lagen in einem Karton noch seine Briefe und Fotos, die geliebte Pfeife und eine alte Brille. Und ein Hammer, mit dem er früher, als er noch seine Mühle besaß, die Mühlensteine bearbeitete und schärfte.

Sie nahm ein Stück nach dem anderen in ihre Hand, als ob sie es abwöge, und legte es vorsichtig wieder zurück.

Das ist alles, was von einem Menschen übrigbleibt, dachte sie. Und dann murmelten ihre Lippen halblaut: Kann der Georg Pruß nächstes Mal, wenn er zu Besuch kommt, mitnehmen als Andenken an seinen Onkel.

Hilde hockte noch ein Weilchen vor dem kleinen Möbel – dann stand sie endlich auf und rieb sich ihre schmerzenden Knie. Sie schaute auf die Wanduhr, die mit ihrem leisen, unaufhörlichen Ticken die Leere des Raumes füllte. Seit Ottos Tod erschien ihr dieses Zimmer leer. Wie hatten sie beide doch so manchen Abend in stiller Fröhlichkeit verbracht, angefüllt mit Gesprächen über die Wirtschaft, die Familie und die Welt außerhalb des Hauses mit den Verwandten. Was gab es nicht alles zu erzählen – wenn sich auch manchmal die Berichte wiederholten. Aber was machte das schon: wir waren zusammen, dachte Hilde. Das ist das Wichtigste zwischen den Menschen: miteinander sprechen.

Nach 30 Jahren

Meyers Reisebücher, Ostpreußen:
Und wer einmal hier gewesen ist, kehrt nicht mit leeren Händen zurück. Die Vielgestaltigkeit dieser Landschaft wird jedem etwas geben, dem Naturfreund wie dem Städter, dem Wanderer wie dem Autofahrer, dem Wassersportler wie dem Segelflieger. Allen öffnet Ostpreußen freudig seine Tore.

Mein lieber Herr und Frau Pruß.
Ich habe Ihren lieben Brief mit den Bildern erhalten. Das ist immer ein Andenken.

Ich hatte in diesem Jahr laufend Besuch, aber immer nur für paar Stunden. Denn es waren viel Besucher aus dem Westen, die einstmals in Gronau und Umgegend wohnten, auch eine 43jährige Frau, die 1944 mit ihrer Mutter aus Treuburg bei mir ewakuirt war. Sie war damals 13 Jahre alt und ihre Mutter starb, da war sie 14 Jahre alt im August 45. Diese Frau hatte meinen Namen nicht vergessen. Kam mit dem Toristenzug von Thüringen nach Lötzen und hat mich nach 30 Jahren gefunden. Sie ist unverheiratet, die hat so geweint als sie mich sah. Sie hat auch den Vater verloren, hat keinen Menschen um sich. Sieht sehr alt und mager aus. Auch im nächsten Jahr will sie mich besuchen, aber dann kommt sie alleine zu mir auf drei Wochen. Ja, und so kommen viele, auch aus dem Westen. Sind aber sehr erstaunt, daß ihre Höfe nicht mehr da sind. Blos Trümmer und grosse Bäume wo ihr Haus mal standt.

Die Ernte war spät, erst am 15. August fingen wir an, die Gerste zu mähen. Am 18. und 19. den Weizen und so ging es immer weiter. Die Ernte war schön troken, blos jetzt auf die Kartoffeln regnet es den vierten Tag. Hoffendlich wird bald schönes Wetter, daß wir sie und die Rüben rein bekommen. Gemüse und Gurken ist in diesem Jahr wenig, Äpfel überhaupt keine und alles sehr teuer.

Mit meiner Gesundtheit geht es. Ich hatte es aber in diesem Jahr sehr schwer, die Ernte so spät und den kleinen Enkel dazu. Ich fahre Anfang Dezember nach dem Osten zu Besuch. Und zum Westen habe ich wieder abgelehnt bekommen. Ich werde noch einmal versuchen, und dann reiche ich ein, auf Besuch zu fahren und komm nicht mehr zurück.

Jetzt werde ich schließen, denn ich will auch noch zur Schwester schreiben. Nun sind Sie herzlich gegrüßt von Frau Schulte. (Gronau, den 10. 10. 1974)

Hilde hatte beim Schreiben des Briefes spontan die Idee: als Besucher in den Westen zu fahren und dann einfach dort zu bleiben. Ob sie wohl für diese Reise eine Genehmigung bekäme, fragte sie sich dann nach einigem Nachdenken?

Na, ich werd' ja sehen, ob es gelingt. So jedenfalls konnte es nicht weitergehen. Sie wollte unbedingt dieses Land verlassen, das zur Heimat geworden war, obwohl ihre Wurzeln bei Trier waren. Damals, 1932, als sie mit ihrem Mann nach hier kam und vom Staat das Holzhaus gebaut wurde, lag die Zukunft noch so rosig vor ihnen – und dann wurde 1944 alles anders.

Sie strich sich eine graue Haarsträhne ihres glatten, streng nach hinten gekämmten Haares aus der Stirn. Sicher, die im Westen hatten auch durch den Krieg zu leiden – aber hier im Osten mit den Russen und danach mit den Polen, das war und ist doch eine ganz andere Sache. Heute kann sich die Jugend im Westen gar nicht mehr vorstellen, was wir Deutschen hier durchmachen müssen. Alles wird täglich fremder.

Ins Altersheim, und hier, wohin?

Grenz:

Im Jahre 1930 wurde ein zum Heim gehörendes altes Gartenhaus umgebaut und mit 11 Personen belegt. Die Gesamtzahl der Altersheiminsassen betrug 94. Das Personal bestand aus 3 Schwestern, einer Köchin und vier Hausmädchen (in Rastenburg).

Meine liebe Familie Pruß.

Da ich schon so lange Post von ihnen habe und nicht zum Schreiben kam, so will ich es heute tuhn. Ich war wieder zwei Monate in der Ostzone. Als ich zurück war, da bekam ich im März an der rechten Hand einen Finger krank. Dann an der linken und so habe ich paar Wochen geheilt. Ich bin noch immer hier, möchte gerne rausfahren, aber es geht nicht. Es haben wieder viele abgelehnt bekommen. Denn schließlich werde ich immer älter und im Westen kann ich ins Altersheim gehen. Und hier, wohin?

Ich bedaure ja noch heute, daß mein lieber Mann gefallen ist. Sonst wäre ich schon 15 Jahre fort, wie die andren.

Bei uns ist es in diesem Jahr sehr schön grün, weil nur alle paar Tage regnet. Bloß heute hat es sich abgekühlt, da sind die Gurken erfrohren, und die waren so schön.

Liebe Familie Pruß, kommen sie in diesem Jahr in Urlaub, dann vergessen Sie mich nicht. Jetzt ist bei uns viel Arbeit, die Rüben hacken, das Heu wenden. Es jagt eine Arbeit die andre.

Wenn ich gesund bleibe, fahre ich wieder zum Dezember in die Ostzone. Mein Schwager war am 17. Mai 81 Jahre alt. So lange wie er noch lebt, fahre ich hin, denn er schenkt mir immer was. Und für mich ist alles gut, mitzunehmen.

Sonst schreibt keiner von Ihrer Familie, außer Ihnen. Jetzt werde ich schließen in der Hoffnung, daß Sie bald zu mir schreiben. Es grüßt Sie herzlich Frau Hilde Schulte. (Gronowo, den 1. 6. 1975)

Ja, sonst schreibt keiner von Ottos Verwandten. Sie leben verstreut im Westen und in der Ostzone und haben ihre eigenen Probleme, die sie wichtiger nehmen, nehmen müssen, dachte Hilde. Es gibt keine Familien mehr, die zusammenhalten, um aus der Vergangenheit den Enkeln die Zukunft bereiten zu helfen. Langsam stirbt unsere Generation weg und die Jungen vergessen die alte Heimat. Sicher, es war deutsches Kolonialland, dieses Preußen, aber auch zur Heimat geworden. Dieses Land der Balten, das einst den alten Prußen gehörte mit ihren vielen Gottheiten. Dabei brauchen wir Menschen nur einen Gott, der allen gerecht sein soll und es nicht kann.

Sie dachte auch an ihre Schwiegertöchter, mit denen sie gut auskam, obwohl sie Polinnen sind. Die Arbeit läßt im täglichen Beisammensein so manches milder erscheinen und heilt auch alte Wunden, ja, läßt sie zeitweise sogar vergessen.

So müßte es auch mit den großen Problemen da draußen in der Welt sein, überlegte sie: Man muß Untaten verzeihen können und sich bemühen, sie vielleicht im täglichen Alltag zu vergessen. Anders kann man doch nicht weiterleben. Sonst würde ja jeder präsentierten Rechnung eine Gegenrechnung entgegengehalten. Einmal muß doch Schluß sein mit dem Hin- und Herrücken der Schuld. Die Konsequenzen müssen zwar getragen werden – wenn es auch immer die breite Schicht der Bevölkerung ist, die es trifft –, aber sie sollten menschlich erträglich sein.

Sie wunderte sich über ihre Gedanken, die sie in die große Politik geführt hatten. Aber etwas Wahres ist daran, sagte sie halblaut. Die Enkelkinder horchten auf. Aber Hilde sagte:

„Spielt man weiter, werdet noch früh genug merken, wie verdreht das Leben sein kann!"

Die Kinder lächelten und verstanden sie nicht.

In Masuren

Bringen Sie Kinderpuder

Lepner:
Wenn es eine Tochter ist, verändern sie die letzten Worte also: Diewe duk, idant ingi Mergu sola xsestu. GOTT gebe daß deine kleine Tochter in der Mägde Bänke ihren Sitz nehme!

Meine liebe Familie Pruß.
Ich habe ihren Brief am 5. 8. erhalten. Habe mich sehr drüber gefreut, auch das Sie uns besuchen werden. Aber Sie haben nicht geschrieben, ob Sie wieder in Lötzen stationirt sind.

Wir sind feste bei der Ernte. Eine Hitze, kaum zum aushalten.

Lieber Herr Pruß, ich habe einen kleinen Wunschzettel. Bringen sie Rassirklingen für den anderen Sohn. Beim Heinz, dem großen Sohn, ist ja im April das dritte Kind gebore, ein Mädel. Bringen Sie etwas Kinderpuder mit, denn die Kleine ist so dick und immer wund am Halz.

Schreiben Sie mir noch, wann Sie kommen mit Ihrer Cosine und deren Mann aus Kassel, denn ich muß mich ja ein bißchen vorbereiten.

Ich freue mich, daß sie mit ihrer Frau gesundt sind. So, für heute ist alles, denn ich muß für acht Mann Abendbrot machen, die sind beim Einfahren.

Ihr Sohn ist doch so groß wie mein Ältster, vieleicht haben Sie abgetragene Sachen. Das ist alles gut für uns. Nun sind Sie herzlich von uns gegrüßt, ganz besonders von mir, Frau Hilde Schulte.

Alles andre mündlich. Eine gute Fahrt wünsche ich ihnen und ihrer Cosine mit Mann. (Gronau, den 12. 8. 1975)

Wenn er in Lötzen gastiert, dachte Hilde, wird er besser untergebracht sein als bei mir. Das neue Hotel soll sehr schön sein; aber letztens erzählte er mir, die Wasserrohre seien verrostet, die sanitären Anlagen kaputt und manchmal käme rotes Wasser aus dem Wasserkran unter ziemlichem Lärm in den Rohren. Das bullerte und ballerte unheimlich. Es fehlt hier in Polen eben an den Ersatzteilen, um die nötigen Reparaturen durchzuführen. Die französischen Herren der Hotelkette ‚Novotel‘ in Polen hatten sich das sicher anders gedacht mit der Pflege und so. Aber was stört's mich. Ich muß jetzt das Abendbrot machen. Gleich kommen alle vom Feld und wollen essen. Die vier polnischen Landarbeiter sind gerne bei uns, besonders wegen der reichhaltigen Mahlzeiten.

Hilde räumte den Tisch ab, strich ihre Schürze glatt und ging in die Küche.

Und doch ließen die Gedanken sie nicht los: Jetzt in der Erntezeit wird ja jede Hand im Korn gebraucht; aber so schwer wie früher ist die Landarbeit mit den Maschinen ja nicht mehr. Und die haben wir, lächelte sie voller Stolz, auch eine Zugmaschine. Eigentlich sind wir, im Gegensatz zu vielen polnischen Höfen, ein guter Betrieb. Und mit den staatlichen Gütern wollen wir nicht konkurrieren – wenn nur nicht die vielen Abgaben wären. Aber wir besitzen unseren Acker und Wiesenland, Kühe und Kälber, das Pferd und die Hühner, Schweine, Gänse und Enten und, nicht zu vergessen, den kleinen Obstgarten; auch eine Scheune, größer als das Wohnhaus, die Ställe und den Geräteschuppen – und alles schön eingezäunt.

Derweil waren die Kartoffeln gar gekocht – die können jetzt essen kommen, stellte sie fest. Dazu gab es viele knusprig-braun gebratene Spirkel, eingemachte Salzgurken, rote Beete und Zwiebeln in Gläsern und frischen Endiviensalat mit Dill und saurer Sahne.

Sie rief die älteste Enkelin von zehn Jahren herein, die ihr helfen sollte, den Tisch zu decken. Die summte bei ihrer Arbeit ein polnisches Kinderlied.

Totensonntag

(22. November) Sprüche 20, 12.
Ein hörendes Ohr und ein sehendes Auge,
die macht beide der Herr!

Liebe Familie Pruß.
Ich habe am 13. 12. Ihre Weihnachtskarte dankend erhalten, und über dieselbe ich mich sehr gefreut habe. Bin noch gesundt. Aber die Arbeit war im Sommer immer viel, denn wir haben etwas umgebaut. Jetzt ist mehr Platz für Besuch. Haben oben zwei Zimmer ausgebaut und unten im groszen Zimmer sind nun neue Möbel. Es sieht alles schön aus.

Lieber Herr Pruß, ich habe wieder am 9. Mai Papiere abgegeben zur Ausreise nach dem Westen. Am 9. Dezember waren es schon acht Monate und es ist alles still. Hoffentlich bekomme ich im neuen Jahr?

Ich bin bloß auf paar Tage hier zu Besuch, denn von der Nichte der Mann ist krank. Am 12. August war ich hier zur Beerdigung, mein Schwager ist im Alter von 82 Jahren gestorben. Auch ein Coseng von 62 Jahren in Ostberlin ist an Herzschlag gestorben, und noch ein anderen Coseng bei Leipzig von 68 Jahren auch an Herzschlag. Das war alles im August.

Bei uns war diesz Jahr sehr troken. Das Getreide war nicht so gut, Kartoffeln und Rüben auch nicht. Wasser haben wir sehr knapp gehabt, wir mußten rausfahren fürs Vieh. – Aber als ich am 14. Dezember von zu Hause fort fuhr, da hat es geschneit. Winter war ja bis jetzt keiner.

Am 9. Nowember habe ich wieder die Gräber bedekt, denn es war schön Wetter. Am Totensonntag war ich in der Kirche. Lebt ihre Tante Grete noch? So, jetzt habe ich alles geschrieben. Bitte schreiben Sie nach Gronau, ich bleibe nicht lange hier. Frohe Festtage und ein gesundes neues Jahr senden Ihnen und ihre Frau aus weiter Ferne Frau Hilde Schulte. (Krosen, den 17. 12. 1976)

Warum ich mir die Mühe und Arbeit gemacht habe, die zwei Zimmer anzubauen, weiß ich auch nicht, sagte Hilde sich, als sie den Brief beendet hatte. Denn ich möchte doch unbedingt in den Westen. Aber die Kinder wollten es so.

Ist ja auch nun mehr Platz, und die Enkelkinder werden immer größer und brauchen eine eigene Stube. Aber je älter man wird, desto mehr denkt man an den letzten Platz: das kleine Stückchen Erde auf einem Friedhof. Wo wird der für mich sein, in Gronau oder in Trier?

Hier in Krosen möchte ich nicht leben und sterben. Ist kein gutes Land, die Ostzone – die sehen auch nicht, was die Menschen so brauchen, genau wie bei uns in Polen.

Der Herr Pruß hatte uns ja gewarnt, nach dem Westen umzusiedeln. Er meinte, wir wären in Gronau unser eigener Herr auf eigener Erde und hätten doch alles, was man im Leben braucht. Er könne ja verstehen, daß ich nach Trier wolle, weil ich dort geboren sei. Aber die Söhne wären doch in Ostpreußen geboren und das sei ihre Heimat. Und einen Bauernhof gäbe es für sie im Westen nicht. Sie könnten höchstens in einer Fabrik arbeiten und würden dort mit ihren schlechten Sprachkenntnissen wie der letzte Paslak behandelt werden.

Na, dachte Hilde, so schlimm wird es wohl nicht sein. Der Pruß ist ein Ostpreußen-Liebhaber und sieht alles rosig; aber wenn er immer hier leben müßte, würde er anders reden. Von außen sieht vieles nicht so schlimm aus.

Aber Heimat ist Heimat, hatte ich ihm geantwortet, und wo die Mutter ist, da gehören auch ihre Kinder hin – da ist die Heimat.

Sie schüttelte die Gedanken ab und ging aus ihrem Besuchszimmer und vorsichtig die Stiege hinunter. Die Nichte hatte zum Abendbrot gerufen.

Der Winter steht bald vor der Tür

Brock:
Würde ich heute noch vor die Wahl gestellt, ich wäre bereit, alle Mühe auf mich zu nehmen: auf dem Hof das Holz zu spalten (. . .) Lug und Trug ist es (. . .) zu behaupten, daß der technische Fortschritt, wie man zu sagen pflegt, das Leben bequemer und uns darum glücklicher macht.

Lieber Herr und Frau Pruß,
will Ihnen paar Zeilen schreiben. Endlich habe ich nach 15 Anträgen am 5. April die Ausreise erhalten in die Bundesrepublik, aber ich allein. Meine Kinder und Enkelkinder mußte ich dalassen. Ich hätte mich ja gefreut, wenn wenigstens ein Sohn mit Familie mitgekommen wäre. Denn als ich in Friedland im Lager ankam, waren da so viele junge Leute mit ihren Kindern.

In Friedland blieb ich fünf Tage. Als ich meine Papiere fertig hatte, wegen Kriegsrente, ging es weiter nach Massen ins zweite Lager, da war ich drei Wochen. Mußte mir alleine kochen. Dann ging es von vorne an, mit die Papiere, da that einem schon der Kopf weh.

Wir kamen mit drei Frauen hier nach Trier in Notwohnungen. Da sah es öd und traurig aus. Keine Heizung, ein Bett, ein Schrank, ein Tisch und zwei Stühle, Herd zum kochen mit Kohle und elektrischer Kocher. Es sieht trostlos aus, und der Winter steht bald vor der Tür. Sozialhilfe habe ich auch etwas bekommen. Aber davon muß ich leben und Miete zahlen, dem Monat 32 M und 64 Pf. Am 4. August kam ich nach hier, von da an zählt die Rente. Nachzahlung gibt es nicht. Das hatte ich mir auch anders vorgestellt, aber was ist zu machen.

Es kommen von alle Himmelsrichtungen Menschen, allerhand Gesichter kann man sehen. Uns wird ja versprochen eine Sozialwohnung, aber wer weisz ob wir die bis zum Winter bekommen. Meine Schwester, die hat bloß eine kleine Wohnung. Von hier, wo ich wohne, habe ich zu ihr eine Stunde zu Fuß, mit dem Buss 35 Minuten.

Es ist ja alles hier zu haben, aber für mich bloß zum ansehen. Hoffendlich wird mir besser gehen, wenn ich die erste Rente bekomm. Ich bin ja noch immer gesundt. Es fiel mir doch sehr schwer, Gronau zu verlassen, wo ich 45 Jahre gelebt habe. Werde versuchen, meine Kinder rausverlangen. Aber bis ich mich bißchen eingelebt habe. Und wer weisz, wenn die rauskommen.

Jetzt werde ich schlieszen, denn ich musz mir noch was zu essen holen. Bitte schreiben Sie mal an mich. Nun sind Sie herzlich gegrüst von Frau Hilde Schulte. (Trier, den 12. 9. 1977)

Hilde stand auf und legte im Herd ein paar Kohlen nach, es war ihr kalt geworden, und sie dachte: Mein Gott, bin ich hier verlassen; in Gronau hatte ich wenigstens noch den Fernsehapparat. Und hier? Keine Menschen kenne ich näher und mich kennt auch niemand. Zu Hause war ich noch wer, führte das Regiment in der Familie, und hier bin ich nichts – nur eine Aussiedlerin von vielen. Hätte ich doch bei den Kindern bleiben sollen? Im Alter erhofft man sich doch Unterstützung von den Kindern. Und wenn ich 'mal krank werde, wer pflegt mich dann?

Sie war voller Zweifel und ging mit ihnen beladen ein paar Kleinigkeiten einkaufen.

Als sie zurückkam, aß sie etwas und legte sich dann mit ihren Sorgen früh zu Bett. Doch die Gedanken wollten sie nicht loslassen. Es waren noch immer die alten Vorstellungen von einem bequemen Leben, zusammen mit ihren Kindern in einem schönen, warmen Heim.

Noch im Lager

Kogon:
Ohne allen Zweifel sind Millionen im Laufe der zwölfjährigen Herrschaft des Nationalsozialismus durch die Konzentrationslager gegangen. Nimmt man die Zahl der Toten von Auschwitz, die allein zwischen 3,5 und 4,5 Millionen zu liegen scheint, sowie anderer ähnlicher Lager zum Ausgangspunkt eines Berechnungsversuches, so ist leicht zu ersehen, daß es insgesamt mindestens 8–10 Millionen Menschen gewesen sein müssen.

Liebe Familie Pruß,
ich habe ihren lieben Brief dankent erhalten. Den Hof habe ich für die Söhne gelassen. Aber wenn alle Deutsche raus fahren sollen, so werde ich auch sehen, daß die Söhne dort raus kommen. Denn hier sind viele junge Leute, die schon lange nur von Stempelgeld leben. Dreiviertel der jungen Leute sind die, woh auf Besuch kommen und dann nicht zurük fahren. Aber meine können ja das nicht machen.

Bitte schreiben Sie wieder mal, ich bin noch im Lager. Wer weisz, wenn ich eine gute Wohnung bekomme.

Frohes Fest sendet Frau Schulte. (Trier, Weihnachten 1977)

Hilde war nun schon drei Monate in der Bundesrepublik, keine lange Zeit, um alles kennenzulernen, was es Neues gab. Und doch verstrichen die Tage zäh im Einerlei des ereignisleeren Alltags. Auch der Umgang mit ihrer Schwester erbrachte keine große Abwechslung. Die hatte ja auch ihr eigenes Leid zu tragen –. Aber es waren doch schöne Stunden, wenn sie zusammen bei Kaffee und Kuchen saßen und sich Geschichten aus ihrer Kindheit erzählten. Ja, dachte Hilde, je älter man wird, desto mehr erinnert man sich an die glücklichen Kindertage. Und hier im Lager, in der Notwohnung, ist es jammervoll.

Im Hochhaus

Lepner:
Die Littauer dieses Orther haben niedrige, schmahle Häuser, welche sie selbst aus runden Holtz bauen, (dazu ein Deutscher Bauer einen Zimmermann haben muß) darin haben sie ein paar kleine Fenster, gar selten findet man einen Schornstein drinnen.

Herzliche Ostergrüße wünscht ihnen Frau Schulte.

Liebe Familie Pruß, ich wahr ja erstaunt, als ich Post von ihnen erhalten hab. Denn von der Straße wo ich wohnte, bis hier, woh ich jest wohne, ist eine große Entfernung.

Jest will ich von mir etwas schreiben. Bin im März 74 geworden. Meine Kinder sind noch in Gronau. Ich reiche immer ein, daß sie von dort rauskommen sollen.

Ich hab eine Wohnung im Hochhaus, das ist sieben Stok hoch. Ich wohne Paterre, 39 qm. Habe eine Schlafnische, Kochnische, ein Wohnraum, ein Bad mit Tolete, ein kleinen Abstehlraum und Antre.

Wohngeld 65 DM. Ich bekomme Kriegsrente, die ist nich hoch, 939 DM. Für den dritten Sohn, wo mir die Russen nahmen, 171 DM. Die Miete 265,50 DM, Fernsehn 40 DM. Für Licht und Kochen 55 DM.

Es ist ja alles teuer, und ich musz noch für meine Kinder Pakete schiken. Aber jest sind die Pakete portofrei.

Vorigen Jahr wahr ich bei den Kindern, das hat mir viel Geld gekostet. Ich wahr vom 22. 7. bis 11. 8., das waren 21 Tage, für einen Tag 30 DM. 57 DM Schreibgebüren, 218 DM die Bahn und dann vier Koffer voll, das kostet auch Geld. Ich hab nicht geschrieben zu den Kindern. Die wahren ganz sprachlos als sie mich sahen, wie ich da ankam.

Ja, jest werde ich schlusz machen. Bitte schreiben Sie mal wieder zu mir. Herzliche Grüsze von Frau Hilde Schulte. (Trier, 3. 4. 1982)

Hilde hatte ihren Brief beendet und las ihn noch einmal durch, ob die Zahlen auch alle stimmten. Ja, es ist in Ordnung, stellte sie fest. Sie rechnete: Einnahmen im Monat 1175 DM, und die Ausgaben betragen 360,50 DM. Da bleiben mir zum Leben etwas über 800 Mark; Zeitung hab ich nicht – so komm' ich ganz gut zurecht und hab noch übrig für die Kinder. Ich selber brauche nicht viel – wenn ich nur nicht so alleine wäre.

Sie kramte in der großen Blechdose, in der sie ihre Briefe aufbewahrte. Endlich fand sie den Zettel mit dem Gedicht, das Georg Pruß ihr einst schickte. Leise las sie es sich noch einmal vor:

Am Abend
Vorm Kalenderblatt
gedenke ich
in Selbstgesprächen,
gläsernen Dialogen,
eingehüllt vom Fenster
sicherer Erklärung,
der sieben mal
einhundert Jahr
in meinem Leib –
des Staubs
in meinen Haaren,
des Regens Tränen,
des Hungers Frost,
der Sonne der Beleidigung
im Schatten des geschundenen,
geteilten Perkunos:
Ihr seid im jungen Licht
bis ihr einst warten werdet
mit mir am Fenster
unserer Väter.

St. Georgskirche in Rastenburg

Ich bange um den Sohn

Harmelink:

Die Landesstelle in Unna-Massen ist die Nachfolgeeinrichtung des ehemaligen Flüchtlingslagers in Siegen, (. . .). 1951 wird in Unna-Massen mit dem Bau der ersten Häuser begonnen, die schon Ende desselben Jahres bezogen werden. Aus den ersten Anfängen wächst schließlich eine ganze Wohnsiedlung mit allen Einrichtungen, die zum Leben gehören.

Ein frohes Weihnachtsfest und ein gutes Jahr sendet Frau Schulte. Ich will mich mal melden. Mir geht es einigermassen gut, bin gesundt. Mein Sohn Willi ist mit Familie rausgekommen. Er ist jetzt in Unna-Massen. Jest bange ich um den andern Sohn Heinz und Familie.
Gruß von Frau Schulte. (Trier, 13. 12. 1982)

Was soll ich viel schreiben, dachte sie, die wissen ja alles von mir. Wenn Willi mit seiner Familie in Trier ist, kann das Leben wieder schöner für mich werden. Es wird auch Zeit, denn nun bin ich schon 74 Jahre alt.

Um Heinz machte sie sich große Sorgen, weil der vorerst keine Lust hatte, in den Westen zu kommen. Sie verdrängte diese Möglichkeit und dachte: Lange kann Willi in Unna-Massen nicht sein, obwohl er die neuen Möbel und das andere alles mitbrachte. Es wird ein guter Anfang für ihn sein. Er ist noch jung mit seinen 38 Jahren und wird schon bald Arbeit finden können; wenn er auch nichts anderes als Landwirtschaft gelernt hat. Geld hatte er auch tüchtig gespart, immer heimlich im Westen bei einer Bank festgelegt. Er ist ein fixer Junge, der Willi.

Aber andere machen es auch so: Da war in der Nachbarschaft ein junger Pole mit seiner deutschen Frau vor 6 Jahren in den Westen gekommen. Der fährt mit einem Lastwagen Pakete für die katholische Kirche nach Polen zur Sammelstelle. Eine andere Arbeit macht der nicht. Nur immer fahren. Und nun gehören ihm mit einem anderen zusammen schon drei eigene Autos, sogar einen weißen Mercedes fährt er und zieht nächstes Jahr in sein eigenes Haus mit Frau und drei Kindern.

Hilde lächelte: Ja, hier im Westen läßt sich was machen, wenn man schlau ist, hier gibt es noch Möglichkeiten.

Der Willi möchte bei einer Baufirma Lastwagenfahrer werden, einen Führerschein hat er ja schon. Und seine Frau soll in der Küche eines Klosters arbeiten. Ihre Tochter hat in Polen angefangen Friseuse zu lernen, und der Enkel wird hier Monteur werden.

Dann dachte sie wieder an Heinz, ihren ältesten Sohn, der hatte nun schon sechs Kinder – sie hatte deswegen bei ihrem ersten Besuch in Gronau geschimpft; aber Heinz pflegte auch die Gräber von Otto und Eliese Pruß.

Sie wollte bald ihre zweite Reise nach Gronau machen: dann nehme ich Beruhigungstabletten mit, dachte sie, weil mich die Grenzkontrollen so aufregen.

Denn die erste Reise im Jahre 1981 nach Polen war auch beschwerlich gewesen. Sie dachte nur mit Grausen daran zurück.

Schon morgens nach 5 Uhr fuhr der Zug von Trier ab. Die Fahrt wollte und wollte kein Ende nehmen. Damals dachte sie: es ist wie eine Reise in eine andere Welt. Und so war es ja auch. Je mehr sie nach Osten kam, desto grauer und härter waren die Gesichter der Menschen; auch die Kleidung wurde einfacher. Die Grenzer im Zug waren immer schweigsamer und abweisender geworden. Erst am nächsten Tag um 6 Uhr früh war sie in Rastenburg angekommen. Und dann noch eine Stunde mit dem Taxi nach Gronau.

Erst hier hatte sie aufatmen können beim Anblick der vertrauten Gesichter.

Ihr Brief gab uns Hoffnung

Holz:
Spann deine Flügel weit,
fern allem Tagesstreit,
schwing dich durch Raum und Zeit
über dein Leid!
Jenseits des letzten Blaus
blitzt deiner Heimat Haus,
hinter dir Tod und Graus,
halt durch, harr aus!

Werter Herr Pruß und Frau!
Haben Ihr liebes Briefchen dankend erhalten und mit Freuden gelesen. Wir dachten schon, Sie haben uns vergessen. Weil einige andere schon geschrieben haben, was hier in Polen auf Besuch waren. Aber Sie waren so oft hier in Polen und haben vielen zu schreiben.

Ihr lieber Brief gab uns neue Hoffnung, daß alle Deutschen, wo noch hier sind, raus kommen. Hoffentlich haben wir auch das Glück.

Lieber Herr Pruß, das liebe Weihnachtsfest ist zu Ende und das neue Jahr hat angefangen. Wer weiß, was das bringen wird? Man kann auf alles gefaßt sein und muß nehmen wie es kommt, nicht wahr?

Daß ihre liebe Frau ein Paket geschickt hat, das ist ja was wert, daß sie uns nicht vergessen hat. Meine Tochter denkt fast jeden Tag an sie.

Alles Gute. Wir hoffen auf ein Wiedersehen. Herzliche Grüsse aus weiter Ferne von Frau Danaitis, Tochter, Schwiegersohn und Enkelkind.

Bitte um Antwort, wenn die Zeit erlaubt. (Rastenburg, 3. 1. 1974)

Barbara Danaitis hatte mit ihren rheumatischen Fingern den Federhalter kaum halten können, aufatmend legte sie ihn aus der Hand und rief durchs Fenster nach dem Jungen. Der Enkel sollte den Brief gleich zur Post tragen.

Sie lebte mit dem Jungen, Tochter und Schwiegersohn in zwei kleinen Stuben des Insthauses am Neuendorfer Teich.

Neben dem Küchenherd stand der leere Holzkasten. Da war der Küchentisch mit zwei Stühlen und dahinter das verschlissene Kunstledersofa, das dem Schwiegersohn als Schlafstatt diente. Im anderen Zimmer stand ein Tischchen vor dem Fenster, an dem die alte Frau saß. Und hier waren die zwei Betten: eines für sie und das andere für Tochter und Enkel.

Barbara schaute durchs Fenster auf ihr winziges Gartenstückchen. Fröstelnd zog sie das wollene Umschlagtuch fester um ihre mageren Schultern. Der Junge kam nicht, um den Brief zu holen.

Sie wartete und ihre Gedanken spannen ein Netz vor das kleine Fenster. Dahinter sah sie ihre Zeit mit müden Flügeln versinken, die sich immer mehr verdunkelte und nur noch schwache Konturen besaß. Da war auch die Zeit der frühen Geschichte dieses Landes. Einer Zeit, die sie nur aus Erzählungen kannte: Als die Balten noch die Herren des Landes gewesen waren mit ihren Pferdeherden und dem Oberpriester in Schalauen. Sagen berichteten in ihrer Kindheit von den Prußen, ihren Fellen und ihrem Bernstein, mit denen sie Handel trieben. Von ihren Heilern und Zauberern, die Blinde sehend und Sehende blind machen konnten, die Liebestropfen herstellten und Wasser zu Eis gerinnen ließen.

Nichts ist von ihnen zurückgeblieben. Wenn doch nur einer der alten Zauberer noch einmal wiederkommen könnte und hier alles änderte, dachte Barbara.

Ich bin in Polen geblieben

Joachim:
Selbst Bischof Georg v. Polenz, der sonst aufgeklärte Reformator Preußens, schrieb noch 1520, daß der damals im Februar erschienene Komet einen baldigen Tod des Königs von Polen (Sigismund I) glaublich ankündige.

Lieber Herr Pruß, nebst Gattin!
Ich muß Ihnen mitteilen, daß ich das Paket bis heute nicht erhalten habe. Die Post war zu Weihnachten in Warschau überfüllt, auch wo sie kontrolieren. Es sind viele Deutsche, wo Pakete schicken. Aber jetzt haben wir bald März zu Ende und noch keine Ordnung. Früher war alles anders. Es sind viele Menschen, wo warten.

Von Danaitis in Essen hat sich bis heute keiner gemeldet. Die denken wunder was sie sind. Na, und ich bin hier in Polen geblieben, da schämt ihm sicher, daß er arme Verwandte hier hat. Mein Mann hatte zwei Brüder, aber durch den Krieg weiß einer vom andern nichts. Da kann man sehen, daß ganz anders fremde Menschen sind. Er braucht sich nicht zu melden. Habe auch kein Verlangen.

Lieber Herr Pruß, sobald ich das Paket erhalten thue, schreibe ich gleich Bescheid. Wir lagen auch an Grippe krank. Ich habe noch Schwindel, alle Glieder reißen mich. Die Krankheit hält lange an.

Lieber Herr und Frau Pruß, ihr beiden Lieben, ihr seid uns zu jeder Zeit herzlich willkommen. Wir wohnen noch in demselben alten Insthaus am Teich.

Bis dahin alles Gute, vor allem die Gesundheit. Die herzlichsten Grüsse aus weiter Ferne von Frau Danaitis.
Bitte um Antwort. (Rastenburg, 30. 3. 1974)

Langsam klebte Barbara den Briefumschlag zu und legte die Schreibsachen in die kleine Tischschublade. Sie dachte wieder an ihren Besuch, der im September 1973 bei ihr gewesen war. Das Ehepaar aus Essen hatte überall im Dorf nach Deutschen gefragt und war zu ihr geschickt worden. Sie brachten Kaffee mit, richtigen guten Kaffee – der Duft stand noch in ihrer Nase. Dann brühte die Tochter ihn auf und servierte in hohen, schmalen Gläsern. Viel Zucker müßte dazu genommen werden, gut umrühren und warten, bis sich der Kaffeesatz senke, hatte sie gesagt. Aber immer noch waren den Besuchern die Gläser zu heiß zum Anfassen gewesen. Ja, es war ein schöner Nachmittag. Man hatte sich so viel zu erzählen von der alten Zeit, auch, wie Neuendorf 1939 ein Vorort von Rastenburg wurde.

Sinnend schaute Barbara durchs Fenster in den Frühjahrshimmel: Ob das ersehnte Päckchen wohl bald kommen würde?

Wie so oft gingen ihre Gedanken eigene Wege und ließen sich nur noch schwer ordnen. Bald würden die nächtlichen Lichter wieder am Himmel stehen und auf ihre kleine Welt herunterblikken.

Aber sind sie auch für mich da, fragte Barbara sich.

Wo Licht ist, kommt noch mehr Licht hinzu, und wo Schatten ist, da bin ich. Mich sieht man nicht im Schatten. Sie zwang ihre Gedanken, nach Essen zu wandern. Dort lebten die zwei Brüder ihres Mannes Richard im westlichen Licht. Die haben mich nicht nur vergessen – die wollten mich vergessen, als ob es mich nie gegeben hätte. Was ist nur aus vielen Menschen geworden, dachte sie, sie sind im geheimen hart und unbarmherzig und räkeln sich in der Öffentlichkeit wohlig im Licht der Gestirne. Der alte Spruch „Mehr scheinen als sein“ war immer noch nicht aus der Mode, ja, für manchen zum Leitstern seines Lebens, zum Kometen geworden.

Weil ich diese Sprache nicht verstehe

Toporow/Palmaitis:
Das Prußische wegen der quantitativen und thematischen Beschränktheit seiner Texte gehört zu der Kategorie der ‚nicht vollen' gestorbenen Sprachen, ebenso wie das Gotische, Altkirchenslawische oder Altpersische. Nicht zufällig (. . .) ist das Interesse für die Prußen, das in Forschung und Kunst heute bestätigt ist, ebenso wie in (. . .) ihrer Sprache als eines Mittels beschränkter mündlichen und schriftlichen Kommunikation.

Lieber Herr und Frau Pruß!
Muß euch die freudige Nachricht geben, daß ich am 23. April euer Paket mit sehr großer Freude erhalten habe. Vielen, vielen Dank von ganzem Herzen dafür! Wie ich euern Brief gelesen habe, daß wir uns in Kürze wiedersehen werden, da haben wir uns alle sehr gefreut. Mal wieder mit echte Deutsche zusammen sein und sich etwas unterhalten.

Uns zieht es nach Deutschland. Man fühlt sich hier wie das fünfte Rad am Wagen. Nirgens kan man hingehen, weil ich diese Sprache nicht versteh. Ich fühle mich einsam und verlassen, vielleicht auch nicht mehr lange. Wurde im März 69 Jahre alt. Von Jugend an schwer gearbeitet, vom Leben nichts gehabt. Ich habe nichts anderes gelernt wie arbeiten. Wir haben schweres durchgemacht, was einen so niedergeschlagen macht und Nerven gekostet hat.

Entschuldigt, daß ich das geschrieben habe, ich habe fast niemand, wo ich mich ausklagen kann. Denn vom Krieg hat ja jeder die Nase voll, nicht wahr? – Im Moment ist kühles Wetter bei uns. Im Garten hab ich schon Verschiedenes eingesät. Etwas hat es auch geregnet, da wurde alles schön grün, alles kommt zu seiner Zeit.

Nochmals von ganzem Herzen den allerbesten Dank für das Paket, wo uns sehr große Freude bereitet hat. Es war alles drin, was sie auf den Zettel geschrieben haben, nichts fehlt.

Jetzt komme ich zum Schluß. Herzliche Grüsse aus der sehr alten Heimat. Frau Danaitis, Tochter und Familie.

Wir alle hoffen auf ein baldiges Wiedersehn. Bitte um Antwort, wenn die Zeit erlaubt. (Rastenburg, 24. 4. 1974)

Nein, Barbara hatte in diesen 29 Jahren wirklich kein Polnisch gelernt – sie lebte wie auf einer verlassenen Insel; nur etwas Litauisch konnte sie sprechen und natürlich Deutsch: Sie war ja eine Deutsche. Ihre und ihres Mannes Vorfahren waren schon vor Jahrhunderten in Preußen eingewandert. Und doch hatten diese Menschen noch sehr lange litauisch miteinander gesprochen, und nur sehr langsam war ihre Sprache vom Deutschen überlagert worden.

Barbara aber dachte an etwas anderes: an ihre Besucher, die noch einmal wiederkommen wollten.

Letztens hatte der gute Herr Pruß gesagt, er überlege sich, ob er nicht eines Tages für ganz in seine Heimat zurückkehren solle, um hier im Land seiner Väter begraben zu werden. Und seine Frau hatte gemeint, das sei keine gute Idee, denn sie möchte in Essen beerdigt werden, und dann wären wir im Tode nicht vereint und unsere Kinder könnten nur ein Grab pflegen. Er aber antwortete, die Kinder formen ihr eigenes Schicksal, ich dachte dabei an uns beide.

Nein, überlegte Barbara, das würde doch nicht gut sein. – Wer solle denn hier die Gräber pflegen, hatte sie damals gefragt. Aber der Pruß erinnerte seine Frau, daß Tante und Onkel Schepukat in Herne nur unter flachem Rasen begraben sein wollten, wie es ja auch geschehen sei.

Die Tante hatte zu Lebzeiten immer gesagt: „Die Erde ist weit und wichtig im Tode, sie vermischt sich mit dem Staub des Verstorbenen. Die Blumen sind nur Äußerlichkeiten für Friedhofsbesucher." Zemmē ast gimtēne!

Wie kümmerlich wir leben

Lepner:
Der Littau macht selbst seine Kleider
Darf nicht Frantzösche Zeug und Schneider.
Bleibt unverändert stets dabey,
Der Deutsche macht sich täglich neu.

Liebe Frau Pruß und Herr!
Haben gestern Ihr liebes Briefchen nach langem Warten endlich erhalten, vielen Dank dafür. Gesundheitlich geht es so einigermaßen. Ich habe mit dem Herzen zu thun, aber man kann noch aushalten.

Dies Jahr waren sehr viele Deutsche hier in Rastenburg auf Besuch. Ein Autobus war von Dortmund, der Inhaber hieß Horst Fischer, aber alles Unbekannte. Viele fuhren von hier in andere Orte. Meine Tochter und Schwiegersohn erzählten es mir morgens, wenn sie von der Arbeit kamen. Ein Herr war bei uns von München, ich habe ihn gebeten, er soll einen schönen Gruß bestellen. Ob er Wort gehalten hat?

Ich habe bis jetzt noch keine Gelegenheit gehabt, Deutsche zu treffen aus Galbuhnen oder Rastenburg, wo ich fragen konnte, ob einer Ihren werten Namen kennt. Ich sitze wegen meiner Krankheit viel zu Hause. Wenn wir alle gesund bleiben zum nächsten Jahr, dann sehen wir uns bestimmt wieder.

Frau und Herr Pruß, ich habe eine Bitte an euch beiden, bitte mir nicht böse sein. Vielleicht habt ihr Kleidungsstücke, wo ihr nicht mehr tragen tut. Wir wären euch dafür von ganzem Herzen sehr dankbar. Sie haben ja gesehen, wie kümmerlich wir leben. Dies Jahr sind die Kartoffeln furchtbar teuer, und die Besitzer haben sehr wenig. Deshalb wissen sie nicht, was sie verlangen. Kauft man zum Essen, dann bleibt die Kleidung zurück. Der Winter kommt ran, Kohlen und Holz fehlt. Mir stehen die Haare zu Berge, wie das werden wird.

Mit den allerbesten Grüssen, Frau Danaitis und Familie. Hoffentlich können Sie mein Schreiben auslesen. Auf ein Wiedersehen. (Rastenburg, 25. 9. 1974)

Schade, dachte die alte Barbara, daß Familie Pruß dieses Jahr nicht kam. Die Tochter meinte, vielleicht haben sie extra nicht geschrieben, um uns zu überraschen. Sie hat immer aufgepaßt in Rastenburg – aber nein, sagte sie immer wieder, die kommen nicht.

Um andere Deutsche aufzusuchen und auszufragen, haben wir

keine Gelegenheit: Ich kann nicht laufen und Tochter und Schwiegersohn arbeiten jede Nacht und sind tagsüber todmüde. Und doch reicht es vorne und hinten nicht zum ordentlichen Leben.

Seufzend schaute sie auf den Enkel, der schon im Bett lag und schlief. Was aus dem Hans wohl werden wird, grübelte sie, und später muß er auch noch den polnischen Militärdienst ableisten. Nein, ist das eine Welt!

Das Paradies auf Erden wird es wohl nie geben, sagte sie sich, aber ewigen Frieden, Freiheit und etwas Glück für die Menschen ist doch nicht zu viel verlangt. Die geteilte Welt in Ost und West kann auch nur der Anfang vom Ende sein, wenn die hohen Herren sich nicht einigen.

Barbara erhob sich, um sich ihr Nachtlager zu bereiten. Dann ging sie in die Küche, verschloß die Tür und hörte dort den Nachbar grölend singen.

Der Pole ist wieder betrunken, dachte sie.

Bahnhof Rastenburg

Jeder kocht anders

Heyl:

Kartoffelpuffer: 4 Pfund rohe geriebene Kartoffeln, ½ Eßlöffel Kartoffelmehl, 1 knapper Eßlöffel Salz, Fett. Die geriebenen Kartoffeln vermischt man schnell mit Kartoffelmehl und Salz und backt löffelweise, flach gedrückt, in heißem Fett, am besten in Schmalz. Man kann etwas Backpulver und 2 Eßlöffel Wasser hinzufügen.

Lieber Herr Pruß und Frau!

Euern lieben Brief haben wir dankend erhalten. Gesundheitlich geht noch einigermaßen, was wir euch beiden auch von ganzem Herzen wünschen.

Zu ihrem Kommen. Es sieht ja sehr traurig aus, wenn Sie krank sind. Und dann so weite Reise alleine, möchte ich auch Angst haben mit dem Auto. Es passieren so viel Unglücke. Das möchte doch nicht gut sein. Und ihre liebe Frau möchte doch garnicht Ruhe haben, möchte sich Gedanken machen.

Lieber Herr Pruß, Sie kennen ja meine Wohnung. Wenn Ihnen angenehm ist, können Sie später mal auch bei uns schlafen. Und wenn nicht, besorge ich Sie eine andre Schlafgelegenheit. Zum Essen müssen Sie schon in ein Restaurant gehen, wir können nicht so kochen wie Sie gewöhnt sind. Jeder kocht anders und liebt Essen, was jeder gewöhnt ist. Sie sind ein gelernter Herr, und wir sind arm.

Bitte über alles mir rechtzeitig Bescheid zu geben. Auf Wiedersehen, Frau Danaitis. (Rastenburg, 9. 3. 1975)

Jedesmal wenn die alte Barbara zum Briefschreiben kam, war es wie ein Selbstgespräch; halblaut formulierte sie ihre Sätze und langsam glitt die Hand mit dem Federhalter kratzend über das Papier. Das Schreiben fiel ihr schon sehr schwer.

Sie dachte oft an ihre Jugendzeit zurück, hier in Neuendorf.

Damals, als man noch jung war, ist man voller Hoffnung gewesen, trotz der schweren Feldarbeit. Und nun, im Alter, wo die Ernte des Lebens einzubringen wäre, gab es nichts zu ernten. Sie würde so namenlos sterben wie ihr ganzes unscheinbares Leben gewesen war.

Barbara legte müde die Hände in ihren Schoß und schlief ein.

Aber nur für kurze Zeit. Sie schreckte hoch und besann sich, wo sie war; denn sie erwachte aus einem bösen Traum:

Sie sah sich durch die brennende Altstadt Rastenburgs laufen –

die die fremden Soldaten 1945 angesteckt hatten. Die Flammen prasselten und die Fachwerkhäuser stürzten krachend zusammen. Niemand löschte. Die Polen standen dabei und verzogen keine Miene. Nur sie allein lief mit einem Eimer Wasser hin und her und versuchte das Feuer einzudämmen.

Aber es gelang nicht, im Gegenteil: mit jedem Wasserguß aus ihrem Eimer, der nicht leer zu werden schien, glühte der Brand nur noch heller auf. Ihre Haare waren schon versengt und ihre Kleidung stank nach verbrannten Lumpen; aber sie gab nicht nach. Sie schleppte ihren Eimer durch die engen Gassen, und als sie endlich zu müde geworden war, setzte sie sich auf die Treppenstufen der polnischen Kirche und weinte.

Als sie wieder ihren Kopf hob, kam ein Soldat auf sie zu und zielte mit seinem Gewehr auf ihren Kopf. Das war der Moment, der sie vor Schreck erwachen ließ.

Nun zitterte sie noch am ganzen Körper vor Angst und konnte sich lange nicht beruhigen. Auch als sie schon im Bett lag, fürchtete sie sich einzuschlafen. Sie dachte, wenn nur der Traum nicht wiederkommt!

Viele Deutsche

Rousselle:

Die deutsche Besiedlung des Landes Gerdauen wie auch der benachbarten Gebiete Wohnsdorf, Barten und Rastenburg ist in erster Linie ein Werk Winrichs v. Kniprode. Während also gegen Ende der Ordenszeit in Natangen das Preußentum noch stark in der Überzahl war, überwog im Lande Gerdauen bei weitem das Deutschtum.

Liebe Frau und Herr Pruß, ihren lieben Brief mit vielem Dank erhalten! Uns freut es sehr, daß Sie sich entschlossen haben, zu kommen. In welchen Straßen in Rastenburg haben ihre Verwandten gewohnt? Ich kenne jede Straße und weiß auch, wo jedes Geschäft war, weil wir hier einkaufen.

Hier sind viele Deutsche, dies Jahr. Die Tochter sah auch von Essen Autos. Ja, Sie kommen im September. Da sind viele Tage, wo regnet, auch kurze Tage.

Meine Tochter und Schwiegersohn fahren am 14. September vormittags nach Lötzen und wollen am Bahnhof sein und Sie abholen mit den Koffern. Und wenn Ihr euch nicht auf dem Bahnhof treffen sollt, denn am neuen Hotel in Lötzen. Meine Tochter bedauert sehr, das Ihre Frau nicht mitkommt. Bis dahin alles Gute. Wir freuen uns auf ein Wiedersehen. Herzliche Grüsse von Frau Danaitis. (Rastenburg, 5. 7. 1975)

„Ich bin so froh, wenn der Pruß kommt und uns die vielen Kleider bringt", sagte Barbara zu ihrer Tochter Maria. Beide rieten schon hin und her, was wohl alles dabei sein würde und was man damit machen könne.

Es war spät geworden und Maria mußte sich mit Walter, ihrem Mann, zur Nachtarbeit in Rastenburg fertig machen.

Als beide gegangen waren und Hans im Bett lag, dachte sie:

Mit dem Walter hat Maria kein Glück gehabt. Am Anfang, als sie ihn in Bartenstein kennenlernte, ging es ja noch. Aber dann fing auch er an zu trinken, wie es viele Polen tun. Es ist eine richtige Seuche. Sie betäuben sich mit dem Alkohol, um das Leben ertragen zu können.

Aber so ist das immer schon gewesen, je ärmer die Zeiten sind, und je fremder man wird im eigenen Land, weil man sich verlassen fühlt, desto mehr verfallen die Menschen dem Alkohol.

Im Westen ist es ja nicht so, da herrschen ordentliche Verhältnisse. – Aber auch die Unterschiede zwischen Deutschland-

West und Deutschland-Ost sind schon groß. Das liegt an den unterschiedlichen Systemen.

Herr Pruß, entsann sie sich, erzählte mal von seiner ersten Reise nach hier, das war, glaube ich, 1972. Er und seine Frau landeten mit der ganzen Reisegesellschaft in einem ehemaligen polnischen Jugendlager, kurz vor Lötzen im Wald am Mauer-See.

Da standen flachdachige Holzhäuschen mit zwei Zimmern für vier Personen. Das Waschhaus lag separat. Und die Küche befand sich in einem verglasten Rundgebäude. Innen war der große Speisesaal, unterteilt zu einem runden Mittelraum für die Westdeutschen und ringsherum, mit Glaswänden abgeteilt, der ringähnliche, schmale Raum für die ostdeutschen Gäste.

Das war wie in dem Lied von den Königskindern: sie konnten zusammen nicht kommen –. Außerdem erhielten die aus dem Westen bessere und reichhaltigere Mahlzeiten. Der Georg Pruß hat sich richtig geschämt, wenn er den Speiseraum betrat; aber ändern konnte er auch nichts.

Der Junge braucht jeden Tag Geld

Hoischen:

Das Königlich Preußische Polizeidirektorium veröffentlichte im Jahre 1778 folgenden Erlaß: Die Tagelöhner und Handlanger werden hiermit ernstlich gewarnet, nicht höheren Tagelohn als sonst üblich, nämlich sechs Groschen zu verlangen, widrigenfalls selbige, nach eingegangenem allerhöchsten Befehl, sofort mit Gefängnisstrafe bey Wasser und Brodt oder mit Tragung der Spanischen Mantel bestraft werden sollen – auch haben Dienstboten, welche der Gesindeordnung zuwider mehreren Lohn verlangen, gleiche Bestrafung zu gewärtigen.

Liebe Frau und Herr Pruß.
Habe Ihr liebes Kärtchen dankend und mit großer Freude erhalten. Wie sie schreiben, haben Sie voriges Jahr um diese Zeit eine Karte geschickt und ich hätte mich nicht gemeldet. Das ist ein Ding der Unmöglichkeit, ich freue mich doch, wenn ich von Deutschland Post erhalte. Ich schreibe jedes Mal zurück, und warte sehnsüchtig auf paar Zeilen von Deutschland.

Der Schwiegersohn liegt schon den vierten Monat in einem Lungen Sanatorium. Meine Tochter muß nachts alleine auf den Straßen arbeiten, für sich und den Jungen. In der Arbeit hat sie es furchtbar schwer. Jetzt in der Winterzeit in Rastenburg den vielen Schnee schaufeln und Eis picken. Zu Hause wartet auch alle Arbeit auf sie. Ich kann ihr nichts helfen, weil ich viel krank bin. Ich kann auch nicht mehr auf das Kind aufpassen, ich bin zu schwach und furchtbar nerwös.

Früher konnte ich der Tochter noch paar Groschen zum Lebensunterhalt geben. Nun kann ich nicht mehr, hab nur wenig Rente. Da kann ich keine großen Sprünge machen, der Monat ist lang.

Der Junge in der Schule braucht auch jeden Tag Geld, bald zu dies, bald zu das. Wie ich zur Schule ging, brauchte man kein Geld. Aber jetzt sind die Zeiten anders.

Liebe Frau und Herr Pruß, wie geht es euch beiden Lieben gesundheitlich? Hoffe alles Gute, was wir euch von ganzem Herzen wünschen. Uns geht es in dieser Zeit noch schlechter. Aber jeder muß mit seinem Los zufrieden sein.

Bitte mir zu entschuldigen, daß ich so allerhand geschrieben habe. Aber dadurch ist mir etwas leichter. Hier kann ich zu keinem Fremden mein Herz ausschütten. Weil die nicht verstehen, wie uns zu Mute ist.

Jetzt komme ich zum Schluß. Bleibt beide Lieben gesund, bis wir uns noch einmal wiedersehen. Herzliche Grüsse aus Ihrer alten Heimat,
Frau Barbara Danaitis, Tochter und Enkelsohn.

Wenn die Zeit erlaubt, bitten wir um Antwort. Ein frohes Weihnachtsfest und ein gesundetes neues Jahr.

Nochmals für all das Gute, was Sie an uns gethan haben, vielen Dank. (Rastenburg, 17. 12. 1976)

Ja, der Schwiegersohn, dachte Barbara, nun ist er auch noch krank geworden. Wie soll das noch alles werden? Sein französischer Name ist das einzige, das ihn auszeichnet und auch an andere Zeiten erinnert: An die Einwanderer, die Hugenotten, in Preußen. Die sollen wohl im 17. Jahrhundert hier angekommen sein. Das war auch eine Tragödie, als sie um ihres Glaubens willen verfolgt und gemordet wurden, genau wie viele Deutsche hier.

Barbara dachte auch an den Enkel Hans, der oft aus der Schule weinend nach Hause kam, weil die Kinder ihn als Deutschen beschimpften.

Ich bin jetzt ohne Mutter

Beckherrn:
Es sollte 1667 gezahlt werden: 1) bei einem Begräbniß mit Leichenpredigt in der St. Georgen-Kirche
für die Leichenpredigt 11 Gld. 5 Gr.
für das Geläute für jeden Puls 3 Gld.
dem Erzpriester für den Gesang 20 Gr.
dem deutschen Caplan 18 Gr.
wann eine polnische Collecte gesungen wurde 12 Gr.
dem polnischen Caplan 12 Gr.
dem Rector 33 Gr.
dem Cantor 30 Gr.
dem Conrector 24 Gr.
dem Organisten 8 Gr.
dem Glöckner 19 Gr.

Liebe Familie Pruß.
Wihr wohlen nach lange Zeit an Ihnen ein pahr Zeihlen schreiben. Meine liebe Mutter ist am 4. Oktober gestorben im Krankenhaus in Olsztyn. Auch mein Schwager ist in Warszawa gestorben.

Ich bin gezt ohne Mutter, das ist zehr trauhrich. Sonst ist bei unz alles im alten.

Wihr lasen ihnen hertzlich grüßen, Bitte um antword.

Wihr wühnschen ihnen ein frohes Weihnachten und ein guttes Neues Jahr,
das wühnscht euch Familie Leroi. (Kętrezyn, den 29. XI. 1977)

Maria dachte an die Beerdigung ihrer Mutter in Allenstein. Sie war 72 Jahre alt geworden. Es gab nur eine kleine Totenfeier mit vier Trauergästen. In Neuendorf wäre es ja anders gewesen, da war man bekannter. Aber in Allenstein – wann würde sie wohl Gelegenheit haben, das Grab zu besuchen? Denn mit der Bahn sind es fast 80 Kilometer.

Maria weinte, sie hing sehr an ihrer Mutter, und es war ihr ein schmerzlicher Verlust, der das Leben noch öder und trauriger machte. Walter, ihr Mann, versuchte sie zu beruhigen: „Wein man nicht, Marie, alles kommt wie es kommen muß."

Aber das war nur ein schwacher Trost.

Nach einer Weile, als ihre Tränen versiegt waren, fragte sie:

„Was soll mit uns werden? Sollen wir bis an unser Ende Straßen fegen?"

Walter zog nur die Schultern hoch, er wußte keine Antwort.

„Jetzt, wo meine Mutter tot ist, hält mich hier nichts mehr", sagte Maria. „Was meinst, sollen wir auch wegmachen von hier?"

Ihr Mann sagte: „Wenn du glaubst, das geht, und die lassen uns raus, dann reich' man ein, mir ist es recht." Seine Stimme klang eintönig und ruhig.

Walter war eigentlich alles gleichgültig geworden. Er lebte in den Tag hinein, immer etwas abwesend wie in einem Traum. Er hatte seine Hoffnungen schon lange begraben – Pläne machte er auch keine, wozu auch. Wenn man in der Jugend nichts gelernt hat, gibt's später auch nichts dazuzulernen, das Lernen müßte man erst lernen, sagte er sich.

„Man sollte im Leben immer ein Ziel vor Augen haben", sagte Maria, „dem der Mensch zustrebt. Und ich habe jetzt endlich ein Ziel erkannt: in den Westen!"

Sie schöpfte mit ihrer Idee wieder etwas Hoffnung, wenn es auch nur eine Selbsttäuschung sein sollte. Es war ihr egal. Sie mußte die Sache selber in die Hand nehmen, Walter war dazu nicht in der Lage mit seiner Mutlosigkeit.

Bei Rastenburg

Ich brauche Medizin

Lepner:
Aderlassen, Schröpffen, Baden,
Mit Toback die Naaß beladen,
Schlechtes Kraut und Artzeney,
Braucht der Krancke Littau frey.

Sehr geehrter Herr Pruß.
Enschuldigen sie biete, daß ich heuhte ihnen schreibe. Ich bin krank und brauche Medizin. Das sind Tableten führ meinen Magen. Auf unzern Geld kan man schlecht kauffen. Aber in Alenstein ist eine Apteke, da kan man für DM.

Ich habe an ihnen eine große Bitte. Wehn sie köhnen und so gut sind, schicken sie mich 50 DM. Wehn sie komen noch einmahl nach Rastenburg, denn rechnen wühr uns aus.
Hertzliche grüße von Familie Leroi. (Kętrzyn, 10. XI. 1981)

Maria sann hin und her – aber sie konnte nur auf Gott vertrauen und auf fremde Hilfe hoffen. Einen anderen Weg, an helfende Medizin zu kommen, gab es nicht. Das gute Ehepaar aus Essen war leider zuletzt im September 1975 hier gewesen. Der Mann war auch sehr krank und konnte nicht mehr so lange Reisen machen.

Wenn der noch einmal kommen könnte, dachte sie? Was brachte er nicht alles Schönes mit in zwei großen Koffern, auch die Koffer hatte er uns gelassen; aber die brauchen wir nicht – wir verreisen nicht. Nur die Medizin brauche ich. Hoffentlich schickt er das Geld!

Von unseren Ausreiseplänen habe ich wieder nichts geschrieben, dachte Maria, sind ja doch nur halbe Sachen, weil wir immer wieder abgelehnt werden. Aber ich gebe trotzdem nicht auf. Sorgen bereitet mir auch, ob dem Herrn Pruß meine Bettelbriefe nicht auf die Nerven gehen?

Bei uns ist alles beim alten

Goldbeck:
Neuendorf, Königliches Dorf, 24 Feuerstellen, zu Landräthlicher Kreis Rastenburg, Justiz-Kreis Angerburg, Haupt-Amts-Bezirk Rastenburg, eingepfarrt zu Kirche Rastenburg, Patron der König.

Sehr geehrter Herr Pruß.
Wühr haben mit großer Freude von ihnen das Paket erhalten und haben uns sehr gehfreud.

Bei uns ist alles in alten. Wehn sie noch ein Päckchen uns könten schicken, den legen sie führ mein Sohn ein pahr Hosen rein, Grösheit 174 und Talje 70,8 cm. Das ist eine große Bitte, könen auch getragen sein.

Noch einmahl danken wühr ihnen hertzlich und wühnschen ihnen und ihre familie Gesundheit und fühl glück. Das wühnschen ihnen von gantzen hertzen familie Leroi. (Kętrzyn, 25. II. 1982)

Mühsam hatte die Feder Buchstabe für Buchstabe gemalt. Marias Hand führte den Federhalter steif und ungelenk über das karierte Papier. Sie konnte sehr schlecht deutsch schreiben. In ihren 48 Lebensjahren hatte sie nichts dazugelernt, das wußte sie. Aber wann sollte sie nach der Schulzeit schon Gelegenheit zum Schreiben gehabt haben? Bald nach der Entlassung war sie gezwungen, die polnische Sprache zu erlernen; Polnisch schreiben konnte sie überhaupt nicht.

Und Walter konnte weder Deutsch noch Polnisch schreiben. Nur Hans lernte in der Schule die neue Sprache und Schrift; er half, die amtlichen Schreiben zu beantworten oder Anträge zu stellen.

Maria wiederholte sich: ja, es läuft alles im alten Trott, es gibt nichts Neues bei uns.

Wir warten

Lukas 21, 19.
Geduld ist in Krankheitszeiten göttliche Arznei.

Lieber Herr Pruß, wühr haben von Ihnen die Karte erhalten. Hertzlichen Dank. Ich und mein Mann sind krank am Magen, wühr haben auf dem Magen Geschwüre. – Unser Sohn geht noch in die Schule.

Lieber Herr, fleicht komen sie dises Jahr nach Kętrzyn uns besuchen, wühr wartten auf Ihnen. Wühr haben an Ihnen eine Bitte. Könten sie uns bischen helfen und Lebenzmitel und getragne Kleidung bringen. Bitte fergessen sie uns nicht. Hertzliche Grüße von familie Leroi. (Kętrzyn, 15. I. 1983)

Maria kannte den Spruch, Lukas 21, Vers 19. Wie oft schon hatte er ihrer Mutter Trost gespendet, und nun mußte sie selber mit täglichen Schmerzen leben.

Auch Walter klagte fast dauernd über die gleichen Beschwerden. Neulich hatte der Arzt zu ihm gesagt: „Ja, ja, die deutschen Magenschmerzen, das kennen wir schon. Wenn Sie ausreisen dürften, wären die Magengeschwüre bald ausgeheilt. Ich kann Ihnen nicht helfen."

Das war von ihm nicht böswillig gemeint, er war ein guter Arzt und ein freundlicher Mensch. Aber es war so eine Redensart in Polen: die Deutschen mit ihren Magenschmerzen!

Schlechter als die Polen leben wir ja nicht, dachte Maria, – es war hier für alle schwer, die nichts besaßen.

Und mit krankem oder leerem Magen, oder mit Sorgen beladen, machte nichts anderes Freude. Sogar die Natur wird als böswillig angesehen, weil das Wetter oder anderes nicht so ist, wie man es sich gerne wünscht. Dabei war die Landschaft wirklich unschuldig und so schön in ihrer östlichen Natürlichkeit.

Aber die hier leben, sehen das nicht mehr – es ist zur Gewohnheit geworden.

Eine Einladung

Lexikon:

Botschaft, höchste diplomat. Vertretung eines Staats im Ausland; auch der Amtssitz des Botschafters. Ranghöchster diplomat. Vertreter eines Staats in einem anderen Staat; gilt als persönlicher Vertreter des Staatsoberhaupts.

Sehr geehrte Herr Pruß.
Ich habe an die Botschaft Papiere außgearbeitet, und haben eine Visapromesse erhalten. Daß ist eine Einreise in die Bundesrepublik. Könnten sie fleicht uns eine Einladung schicken. Das brauchen wühr zu unssre Einreisse. Wühr komen erst in die Barake, im Lager. Und wehn wühr keine Einladung haben, denn könen wühr nicht einreissen.

Sehr geehrte Herr, sie brauchen nicht führ uns sorgen, wir brauchen blos die Einladung.

Ich bitte noch einmal ihnen von gantzen Hertzen, schicken sie uns die Einladung. Hertzliche Grüße von Maria Leroi. (Kętrzyn, 1. 6. 1983)

Auch mit dem Sohn, er war jetzt 19 Jahre alt, hatten sich Maria und Walter besprochen. Hans war einverstanden, mit den Eltern in den Westen umzusiedeln – nur glaubte er nicht, daß das jemals gelingen würde.

Maria blickte in den Spiegel, der neben dem Fenster an der Wand hing, und sah ihr mageres, abgehärmtes Frauengesicht.

Nein, sie war keine Schönheit, nie gewesen; auch die jugendliche Frische war längst dahin. Die war in den nächtlichen Straßen Rastenburgs mit dem Schmutz und Schnee weggefegt worden.

Sie dachte an eine andere deutsche Frau in ihrem Alter. Die wohnt in Lötzen, sieht immer gepflegt und frisch aus und braucht nicht arbeiten; denn ihr polnischer Mann ist vor Gerdauen bei der Grenzbehörde als Offizier tätig. Der brachte oft geschmuggelten Bernstein mit, der aus dem Samland stammt. Und sie verkauft ihn an deutsche Touristen.

Wenn sie in ihrem elfenbeinfarbigen Kostüm mit dem Bus fahren muß, legt sie erst ein Stück Papier auf den Sitz, um sich nicht schmutzig zu machen.

Aber Lötzen und Rastenburg sind nicht nur durch eine Buslinie verbunden, sondern aus polnischer Sicht auch noch durch eine besondere Persönlichkeit.

Maria erinnerte sich, wie Herr Pruß einmal erzählte, daß der neue Name Kętrzyn für Rastenburg nach dem polnischen Historiker Kętrzynski benannt worden sei, dessen Brustrelief – ein Mann mit Vollbart – an der Frontseite seines Geburtshauses in Lötzen angebracht ist.

Nur wußten die meisten Polen nicht, daß er Deutscher war. Er wurde am 11. Juli 1838 in Lötzen als Albrecht Winkler geboren. Seine Eltern hießen Joseph Winkler und Eleonore Raabe.

Albrecht besuchte das Gymnasium in Rastenburg und ging nach dem Abitur zur Universität in Königsberg. Winkler fühlte sich zu Polen aus mancherlei Gründen hingezogen und erlernte die polnische Sprache. Er starb 1919.

Auch Maria hatte dies alles vorher nicht gewußt. Aber mit diesem Nichtwissen stand sie, wie gesagt, nicht alleine.

Ignaz Wísniewski, ein Lehrer in Allenstein, der sich auch zeitweise als Fremdenführer betätigte – Herr Pruß hatte ihn unter diesen Umständen kennengelernt – wußte ebenfalls nichts von der Deutschstämmigkeit des Kętrzynski; er wollte aber von Herrn Pruß wissen, wo das Geburtshaus des Dichters Arno Holz gestanden hat, die Adler-Apotheke. Der Lehrer soll die Stelle, wo nun die kastenartigen Neubauten stehen, stirnrunzelnd betrachtet haben.

Wir brauchen Reisegeld

Schön:

Die ersten Münzen sollen von König Gyges von Lydien 680 v. Chr. im Westteil der heutigen Türkei geprägt worden sein. Es handelte sich um haselnußähnliche Stücke aus Elektron, einer natürlichen Mischung von Gold und Silber, wie man sie in den Flüssen Kleinasiens fand.

Liebe Familie Pruß.
Wühr haben von euch mid große Freude die Einladung erhalten. Wühr sind euch sehr dankbahr. Am 6. IX. haben wühr alle Papiere abgegeben. Und jetzt müßen wühr wartten auf den Paszport.

Ich bin in Olsztyn gewesen, in Orbis, und habe mich erkundicht. Wühr brauchen Reissegeld, auf eine Personn 78 DM. Könten sie so gutt sein, uns zu schiecken. Ich gebe Ihnen die Adresse: Bank Polska, Kasa Opieki, Olsztyn, ul Dobrowszczakon 30.

Liebe familie, wehn wühr komen in die Bundesrepublik, geben wühr euch daß Geld zurück. Sind sie nicht ergerlich auf uns, daß wühr ihnen so belestgen. Wühr danken Ihnen noch einmahl von gantzen Hertzen.

Viele Grüße von familie Leroi. Wehn sie schicken Geld, schreiben sie biette rauf: reissegeld. (Kętrzyn, 8. IX. 1983)

„Was du dir so alles ausdenkst“, sagte Walter. „Erst sollen die in Essen die Einladung schicken und jetzt noch das Reisegeld. Sicher, wir brauchen Reisegeld; aber erhoff' dir nicht zuviel. Bei Geld hört die Freundschaft auf!“

Maria ließ sich aber in ihrem Glauben an das Gute im Menschen nicht beirren. Walter wird schon sehen, wer recht behält, dachte sie nur und gab weiter keine Antwort.

Er ging nach draußen in den Garten und wollte etwas tun.

See bei Sensburg

Wir kommen nach Köln

Lexikon:
Köln (Auszug): Zentrum des rhein. Karnevals. Kölner Dom, gotisches Bauwerk (. . .), (u.a. Dreikönigsschrein, um 1200, auf dem Hochaltar).

Liebe Familie Pruß.
Wühr haben heute von euch den Brief erhalten.

Die Botschaft hat unsern Antrag und alle Papiere, sowie Heiraturkunde. Die Botschaft hat den Antrag nach Deutschland abgeschickt, und in Deutschland haben sie uns angenohmen. Lieber Herr, wühr haben Nachricht, daß die Bundesrepublik kann uns eine Einreise geben. Die Botschaft in Warschau ist ermächtigt worden, für uns den Sichtvermerk auszustellen.

Bitte telefonieren Sie zu die Botschaft. Bei uns haben wühr auch eingereicht. Wühr brauchen blos noch Reissegeld. Bitte, wühr geben ihnen das Geld zurick. Wühr grüßen euch hertzlich, familie Leroi. (Kętrzyn, den 18. X. 1983)

Maria hatte noch einmal den Brief aus Essen gelesen, ehe sie ungelenk zu schreiben begann. Nun war sie fertig und legte aufatmend den Federhalter beiseite.

Ob wohl alles gut gehen wird? überlegte sie. –

Es war schon etwas eigenartig, daß die Stadtverwaltung ihnen eine neue Wohnung in Aussicht stellte und anbot, künftig in einem Neubauviertel zu wohnen. Eine neue Wohnung wäre zwar bitter nötig, denn hier in dem feuchten Insthaus kann kein Mensch gesund bleiben, dachte sie. Aber eine Wohnung in Köln, in so einer schönen und großen Stadt, wäre noch schöner. Maria seufzte. Dann stand sie vom Tisch auf, an dem früher immer die Mutter gesessen hatte, und machte sich an die Zubereitung des Abendessens: Es gab aufgewärmte Gemüsesuppe ohne Fleisch, den vorausgeplanten Rest vom Vortage.

Wir sind abgelehnt

Bavendamm:

Bekanntlich hält die Bundesrepublik Deutschland an der ununterbrochenen Fortdauer der Existenz des Deutschen Reiches in den Grenzen von 1937 fest, als dessen Rechtsnachfolgerin sie sich versteht. Folglich besitzt jeder die deutsche Staatsangehörigkeit, der damals auf dem Gebiet des Reiches ansässig war oder der die deutsche Volkszugehörigkeit besitzt.

Lieber Herr Pruß,
mit dem raußfahren, wührt nichts. Wühr haben abgelent erhalten. Aber wühr haben Wüderspruch gemacht.

Liebe Familie, wühr haben an euch eine große bitte, fleicht könten sie uns ein Pekschen schiecken mit lebensmittel und führ mein Sohn ein pahr Hossen. Er ist 1,74 groß und schlank. Hertzliche Grüße, Familie Leroi. (Kętrzyn, den 14. III. 1984)

Nun hatten sie die neue Wohnung erhalten: zwei große Stuben mit einem Badezimmer und mit richtiger Toilette. Es war schon eine Freude. Hier ließ sich etwas besser leben; wenn auch der Ausreiseantrag wieder abgelehnt worden war. Sollte die Wohnung ein Trostpflaster sein, dachte Marie, oder wollen sie uns damit hier festhalten? Unser Widerspruch wird wohl auch nichts nützen. Dann müssen wir für immer hier bleiben und ich kann von Zeit zu Zeit nach Allenstein fahren und das Grab der Mutter pflegen.

Sie schaute aus dem Fenster und blickte zur Georgskirche hinüber, die schon so manchen Sturm und Brand erlebte. Die aber auch durch Spenden und Geldsammlungen vieler ehemaliger Rastenburger in der Bundesrepublik manche nötige Verschönerung und Vervollkommnung erhielt. Sie war schon lange eine katholische Kirche der vertriebenen Ostpolen und spendet ihnen ihren Trost.

Quellenhinweise der Zitate

Bavendamm, Dirk: Aussiedler aus polnischer Sicht, in: Der Wegweiser, Nr. 3, Düsseldorf 1980

Beckherrn, C.: Mitteilungen aus Rastenburgs Vergangenheit, Rastenburg 1881

Brock, Paul: Unsere Freunde, die Kachelöfen, in: Erhalten und Gestalten, Hrsg. Landsmannschaft Ostpreußen

Frost, Berthold: Das Recht im Deutschordensstaat Preußen, Leipzig 1906

Goldbeck, J. F. (Hrsg.): Vollständige Topographie des Königreich Preußen, in: Sonderschr. d. Vereins f. Fam.-Forschg. i. Ost- u. Westpr., Nr. 7, Hamburg 1967

Grenz, Rudolf: Der Kreis Rastenburg, Marburg 1976

Grunau, Simon: Preußische Chronik, Hrsg. Perlbach, Leipzig 1876

Harmelink, Konrad: Harte Anforderungen im Jubiläumsjahr, in: Der Wegweiser, Nr. 11, Düsseldorf 1981

Heyl, Hedwig: Kriegskochbuch, Berlin 1915

Hoischen, Johannes: Um harte Thaler und Silbergroschen, H. 113/4/74, Hrsg. Kulturamt Dortmund

Holz, Arno: Spann deine Flügel weit, Neuwied

Joachim, Erich: Vom Kulturzustande im Ordenslande Preußen (. . .), in: Altpr. Forschg., H. 1, Königsberg 1924

Kogon, Eugen: Der SS-Staat, Frankfurt a. M. 1946

Lepner, Theodor: Der Preusche Littauer, Danzig 1744

Meyers Reisebücher: Ostpreußen, Leipzig 1934

Rousselle, Martin: Das Siedlungswerk des Deutschen Ordens im Lande Gerdauen, in: Altpr. Forschg., H. 1, Königsberg 1924

Schön, Günter: Pfeiffer Münzkatalog, München 1976

Toporow, W. N./Palmaitis, M. L.: Das Prußische – von der Rekonstruktion zur Rekreation, Moskau 1984